Dolores Richter
Die Liebe als soziales Kunstwerk

edition zeitgeist

Die Autorin

Dolores Richter, Jahrgang 1959, lebt seit 1981 in Gemeinschaften, seit 1991 im ZEGG (Zentrum für experimentelle Gesellschaftsgestaltung) im brandenburgischen Belzig (Fläming) und arbeitete vorher im Netzwerk MEIGA (Modell einer internationalen gewaltfreien Alternative), welches von Dieter Duhm und Sabine Lichtenfels initiiert und inspiriert wurde.

Sie ist nicht nur Kulturschaffende, erfahrene Kursleiterin und Mutter eines 10-jährigen Sohnes, sondern hat sich in ihrem Erkenntnisdrang als Liebesforscherin auch das Studium des ältesten und wohl existentiellsten Themas in allen Facetten des zwischenmenschlichen Lebens und an sich selbst zur Aufgabe gemacht.

Seitdem setzt sie sich mit einem reichhaltigen Repertoire an Erkenntnissen und Methoden für eine zukunftsfähige Verständigung zwischen Mann und Frau und die Wahrheit in der Liebe ein.

Dolores Richter

Die Liebe
als soziales Kunstwerk

Ein Zukunftsbuch

FREIMUT & SELBST

Bibliographische Information der Deutschen Bibliothek
Die Deutsche Bibliothek verzeichnet diese Publikation in der Deutschen Nationalbibliographie; detaillierte bibliographische Daten sind im Internet über http://dnb.ddb.de abrufbar.

Zweite erweiterte Ausgabe
© 2006 Verlag FREIMUT & SELBST, Berlin
www.freimutselbst.de
E-Mail: fs@freimutselbst.de
Erste selbst verlegte Originalausgabe
der Verfasserin, ZEGG (Belzig) 2005
Alle Rechte vorbehalten
Titelbild: Dolores Richter
Satz und Layout: SELBST-Design, Berlin
Herstellung: GGP media on demand, Pößneck
Printed in Germany
ISBN 3-937378-10-3

Gedruckt auf chlor- und säurefreiem Papier

Inhalt

Entwicklungsstufen der Liebe   7

Wachstumsschritte in der Liebe   21

Liebe und Verantwortung   39

Liebe ist voll gelebtes Leben   55

Vom inneren Wachstum
zum Wirken in der Welt   66

Freiheit ist da, wo du liebst   79

Utopie der Geschlechterliebe   98

Zitate zum Thema Liebe und Sexualität   121

Die vorliegenden Texte zur Kulturarbeit in der Liebe sind überarbeitete Vorträge, die Dolores Richter im ZEGG (Zentrum für Experimentelle GesellschaftsGestaltung) in Belzig gehalten hat.

Das ZEGG ist ein Begegnungs- und Tagungsort, der von einer Gemeinschaft von 80 Erwachsenen und Kindern getragen wird. Er widmet sich dem Ziel, zukunftsweisende Erkenntnisse und Bedingungen für eine humane, lebendige Lebenskultur zu gewinnen.

Dabei werden lebbare Antworten auf die folgenden Fragen gesucht:

- Wie leben wir so, dass wir die Erde, ihre Bewohner und Ressourcen pflegen und erhalten können?
- Wie entsteht Vertrauen unter Menschen?
- Wie hängt die Friedensbereitschaft einer Kultur mit ihrem Liebesbild zusammen?
- Wie heilen wir Liebe und Sexualität?
- Welche sozialen Strukturen brauchen wir, um Wahrheit in der Geschlechterliebe zu ermöglichen?
- Wie entsteht Freiheit und Verbindlichkeit unter Liebenden?
- Wie leben wir eine authentische, unverlogene Spiritualität?
- Wie verändern wir uns selbst, um eine kulturelle Veränderung zu bewirken?
- Was ist unser Beitrag zum Frieden unter Menschen?

Entwicklungsstufen der Liebe

(Pfingsten 1998)

> *Das Unberührte, Unverwundete,*
> *das an das Gute glaubt, keine*
> *Zweifel am Leben hat und keine*
> *Angst vor dem Tod, ist in jedem*
> *Menschen vorhanden*
>
> *(C. Estés)*

Wir leben in einer Zeit der Singularisierung; der Mensch lebt nicht mehr in Gemeinschaft, er denkt, er könne oder müsse alles aus eigener Kraft erreichen. Er hat sich abgeschnitten von seiner Urnatur, von seiner Verbindung unter Menschen und von dem Leben auf der Erde.

Wir werden den Unfrieden auf dieser Erde nur überwinden können, wenn wir diese Verbindung wieder finden – die Verbindung zu dem Leben im eigenen Inneren genauso wie den Kontakt zu dem Leben um uns herum.

Kontakt verändert alles. Wer in wahrhaftigem Kontakt steht, vergleicht nicht, beherrscht nicht, unterdrückt nicht. Kontakt kommt aus der Öffnung, der Wahrheit, und ist Liebe.

Für die Entwicklungsstufen der Liebe, die ich im Folgenden beschreibe, habe ich als Inspiration die Interpretation des Märchens „Die Skelettfrau" (aus: Die Wolfsfrau, Heyne Verlag) von Clarissa

Pinkola Estés zugrunde gelegt. Ich habe sie umgeschrieben und gefüllt mit meinen Erfahrungen und Beobachtungen. Interessiert hat mich dabei auch die Parallele in der Entwicklung von Liebenden und den Entwicklungsstufen einer Gemeinschaft:

Von der Liebesaffäre zur Partnerschaft

1. Zufällig über einen Schatz stolpern

So, wie man sich zu Beginn meistens in einen Menschen verliebt, sich eine Liebesaffäre entwickelt, so tut man es auch in der Gemeinschaft – dort nicht so sehr auf eine Person gerichtet, sondern vielleicht in mehrere, oder in die Idee, oder in den Platz, meistens alles zusammen. In beiden Fällen gibt es am Anfang immer eine Begeisterung, eine Euphorie: endlich hab ich es gefunden! Eine Hoffnung, die ich lange in mir trug … Endlich gibt es diesen Ort und diese/n Menschen, die meine Suche verstehen, hier bin ich zuhause.

Wie in der Liebe auf den ersten Blick fühlt es sich an wie ein „Wunder". Ein Teil davon ist aus dem eigenen Wunschbild geboren. Ich habe schon lange etwas gesucht, finde etwas, was dem nahe kommt, und lege in das Gefundene alle meine Vorstellungen hinein.

Ein anderer Teil ist die Projektion, die auch etwas zu tun hat mit der schönsten möglichen Gestalt des Gegenübers, die in ihm angelegt ist; so etwas wie die noch nicht geweckte Realität, die sich in diesem Moment der Neuentdeckung sich vorankündigt. Oder es scheint das Wesen dieses Menschen hindurch, das nicht von Alltäglichkeit verborgen ist.

Diese Energie, das Wunder zu erleben, den Schatz gefunden zu haben, trägt uns in höhere Sphären, es ist ein riesiges Glücksgefühl. Und nicht wenige kennen und suchen überhaupt nur diese Form der Liebe, die sie immer und immer wieder von neuem wiederholen. Man kann tatsächlich süchtig werden danach: Du bist wie ein Magnet, alles gelingt plötzlich, selbst die schwierigen Dinge, wofür du dich sonst immer abmühen musstest, fallen dir zu.

Man kann auf dieser Glückswelle kürzer oder länger reiten.
 Sie wird recht kurz sein, wenn sich die Beteiligten innerlich noch in den Kinderschuhen befinden, wenn ihr Liebesbild noch ganz darauf ausgerichtet ist, den „richtigen Partner" zu finden, den Traumpartner, das Paradies, das schon fertig auf sie wartet.
 Das ist die Art von Liebe, wo man fast nur von den eigenen Bedürfnissen ausgeht und mit Enttäuschung reagiert, wenn die Umwelt nicht in der Lage ist, sie zu erfüllen.

In diesem Kampf um die eigene Erfüllung ist man kaum noch in der Lage, die Realität zu sehen: der Wechsel von Projektion auf den anderen und die Enttäuschung darüber, dass er sie nicht erfüllt, nimmt uns so in den Bann, dass wir oft erst am Ende der Beziehung feststellen, dass wir den anderen gar nicht gekannt haben, nicht wissen, wer er ist.

Clarissa Estés nennt diese Phase die „hoffnungsfrohe Erwartungsphase" und sagt:

Niemand von uns ist zu Anfang bereit, für eine zutiefst erfüllende Liebe zu arbeiten. Am liebsten wäre es uns, wenn der einmal an Land gezogene Schatz keine weiteren Ansprüche stellen würde. Klar, wir wissen natürlich, dass man sich auf diese Weise nie weiterentwickelt, nie selbst zum kostbaren Schatz wird. Trotzdem wünschen wir uns wider jedes bessere Wissen, für immer auf der anfänglichen Stufe der Liebe stehen bleiben zu können.

Die enthusiastische Kennenlernphase ist also nicht unbedeutend, aber sie ist eine Kindheitsphase, in der möglichst keine Lebensentscheidungen getroffen werden sollten wie: das ist mein Zuhause, das ist mein Partner, jetzt breche ich alle Zelte ab, jetzt kriege ich ein Kind ... – weil dafür schlicht die Grundlage fehlt.

2. Phase: Verstecken und Verfolgen

Es kommt also die Zeit, wo die Leidenschaft abklingt, – das Wunder wird alltäglich, der Schatz wird zum Menschen, und schlimmer noch: er offenbart seine Banalität, seine Macken, seine Fehler und Eigenheiten.

Man entdeckt, was man auf keinen Fall will, und was man unbedingt braucht, wägt ab, ob das wirklich die richtige Wahl war ... Es schleichen sich ahnungsvolle Bedenken ein.

Am liebsten würde man davonlaufen, und oft tut man es nur deshalb nicht, weil man das schon zu oft gemacht hat.

Und mit dem Gefühl: „ich habe mich wieder einmal getäuscht" verlierst du das Hochgefühl, die Energie und Anziehungskraft, die sexuelle Spannung lässt nach, und leider auch deine Bereitschaft, an dem Schönen festzuhalten, das du zu Beginn in dem anderen gesehen hast.

Diese Phase hat die merkwürdige Eigenheit, sich genau dann in eine Beziehung einzuschleichen, wenn ein Partner meint, den anderen auf Nummer sicher zu haben.

Sobald *ein* Partner den Versuch macht, sich zu entziehen, wird der andere hungrig und lebendiger. Je schneller der eine rennt, desto mehr Energie und vitale Lebenskraft wird vom andern in die Beziehung investiert. Das ist die tragikomische Ironie bei diesem Spiel.

Estés: *„Ein Liebender zieht sich angstvoll zurück und meint, von seinem Partner verfolgt zu werden, während in Wahrheit jede tiefer gehende Liebe das Wissen um den Tod der persönlichen und egoistischen Vorstellungen von der Liebe nach sich zieht."*

Die Phase der Ent-täuschung kommt fast immer, selbst wenn wir es schon mit gereifteren Liebenden zu tun haben.

Die Gereifteren werden wissen, dass sie kommt, und trotz aller Enttäuschung dranbleiben.

Wer diese Reife noch nicht besitzt, wird sehr emotional und verworren, mixt alles durcheinander, vergangene Enttäuschungen, aktuelle und zukünftige, alles wird grundsätzlich und so schwierig, dass man fast gar niemanden mehr leiden kann.

Bei aller Verworrenheit und Grundsätzlichkeit kann diese Phase trotzdem vorbeiziehen wie ein Gewitter, wenn man sie nicht extra verschlimmert durch Respektlosigkeit und Vorwürfe. Man kann leiden und trotz alledem wissen, dass das, was da zerbricht, nicht die Realität ist, es zerbricht nur die Hoffnung auf Erfüllung meiner Erwartungen. Wenn ich für diese Hoffnung irgendwann wieder die Verantwortung übernehme, kommt dahinter ein Mensch hervor, den ich weiterhin lieben kann, aber mit dem ich mich auseinandersetzen muss.

Und für den anderen Fall, dass innerlich gar kein Wunsch nach einer Weiterführung besteht, weil die Projektion sich als reine Einbildung erwiesen hat, gilt das umso mehr: hier muss man zurücktreten und einen sauberen, respektvollen Abschied nehmen: Man bedankt sich für die gemeinsam verbrachte Zeit und zieht weiter.

3. Ent-Wirrung

Ist die zweite Phase ohne Trennung überwunden, kommt die Zeit der Entwirrung: Was ist eigentlich Tatsache, wer ist der andere, wer bin ich, was will ich und was hat der andere damit zu tun?

Dazu gehören auch die Schattenseiten, Verletzlichkeiten, das Bedrohliche.
    Wenn wir das Unschöne zurückweisen, schneiden wir uns vom Leben ab.
    Das Unschöne ist zum Beispiel unsere Ungeduld, unser verurteilendes Ego, unsere Angst, nicht genug zu bekommen, unsere Unfähigkeit zu lieben.
    Es braucht eine geduldige Kleinarbeit, um zu erkennen, auf welche Weise alles zusammenhängt, und um das Wesentliche zu sehen.

Zum Sortieren gehört auch die Frage:
    Welche Teile meiner Vergangenheit/Familiengeschichte verwechsle ich mit der heutigen Realität? Wo wir uns öffnen, geraten wir leicht wieder

in Berührung mit früheren Enttäuschungen. Und wir müssen herausfinden, wo das eine Verwechslung mit der Vergangenheit ist, die mit der Gegenwart nichts zu tun hat.

Dafür muss man manchmal die Vergangenheit aufarbeiten, aber viel häufiger muss man richtig sortieren und den Menschen, die real da sind und mich lieben wollen, aktiv das Vertrauen schenken und dadurch die Vergangenheit verabschieden.

Hier im ZEGG haben wir eine Gemeinschaft, die für diese Phase der Entwirrung ein hervorragendes Medium zur Verfügung stellt: das Forum. Im Forum kann man die Gefühls- und Gedankenwelten, die man in dieser Phase durchläuft, im Spiegel der Gruppe erkennen, man kann sie humorvoll durchspielen, exemplarisch auskosten und den Abschied von der Vergangenheit gebührend feiern ...

Wer dieses Sortieren und Ordnen, sich Wissen aneignen über sich und den anderen und das Wesen der Liebe macht, wird im Laufe der Zeit ruhiger, gelassener, denn er weiß, was nach einem Höhepunkt kommt und was auf eine Talfahrt folgt. Er ist nicht schockiert, wenn sich Leere einstellt, und lässt sich nicht übermannen von Glück und Erfolg.

Der Wunsch, etwas so schnell wie möglich zu erreichen oder alles sofort zu haben, wird in ein subtileres und kreisförmigeres Streben verwandelt.

Die Beziehung eines solchen Liebenden folgt nicht mehr der geraden Linie eines abgeschossenen Pfeils, der schließlich irgendwo stecken bleibt und sich in eine Stelle verbohrt. Sie folgt den Kreisen einer größeren, ewigkeitsbezogenen Kraft. (Estés)

4. Vertrauen gewinnen

Der Enttäuschung folgt eine Ernüchterung:

> Wenn man die Konfrontation mit der Realität gut gemeistert hat,
>
> Wenn man sieht, wer der andere ist und sich immer noch erinnert, was man gesucht hat und erhofft hat;
>
> Wenn man sieht, was man selbst tun kann, damit diese Hoffnung sich erfüllt;
>
> Wenn der andere nicht mehr meine „Wunscherfüllungsstation" ist, sondern einer, der meine Wünsche kennt, sie vielleicht teilt, und mit mir zusammen Pläne schmiedet, wie sie sich auf größerer Ebene verwirklichen –

dann beginne ich mich nüchtern noch einmal für die Liebe zu entscheiden.

Ich weiß, wer ich bin, wer der andere ist, ich habe eine Vision von der Liebe und dem Zusammenleben, entscheide mich für das gemeinsame Werk, und ich kenne meinen Beitrag.

Die Liebenden kehren in einen Zustand der Unschuld zurück, einen Zustand staunender Hingabe an das, was ist. Sie legen die Schutzmechanismen des Zynismus ab, die von nahezu allen Erwachsenen im Laufe der Jahre angesammelt werden. Die Wunden der Vergangenheit haben nicht mehr die Regierungsgewalt. Es ist ein Zustand der Unberührtheit von alten Wunden und Narben ... Dieses Unberührte, Unverwundete, das an das Gute glaubt, weiterlebt und -liebt, keine Zweifel am Leben hat und keine Angst vor dem Tod, ist in jedem Menschen vorhanden. Es ist das Vertrauen darauf, dass neues Leben dem alten folgt, dass alles eine tiefere Bedeutung hat und alle Erfahrungen im Leben – die peinlichen und schmerzhaften wie die lindernden und erhebenden – als lebensspendende Energie genutzt werden können.
(Estés)

Du beginnst also, den anderen zu lieben für das, was er ist. Und du bist erstaunt darüber, wie der Geliebte durch die gewonnene Freiheit beginnt, dir lang gehegte Wünsche zu erfüllen, an deren Einlösung du schon fast nicht mehr geglaubt hast.

Damit meine ich die Freiheit, die entsteht, wenn er nicht mehr unter dem Druck meiner Erwartungen steht – das gilt ganz stark auch im sexuellen Bereich.

Die Liebe und der Eros brauchen diese Freiheit!

Es wird eine riesige Energie (und damit Liebeskraft) frei, die vorher in Erwartung und Enttäuschung verbrannt wurde!

Es ist das Reifwerden, Erwachsen werden in der Liebe: Du hast die Verantwortung für das eigene Glück selbst übernommen, und so kann der Partner aus freien Stücken den Kontakt zu dir aufnehmen und bereitwillig deine Wünsche erfüllen und da sein, wenn du ihn brauchst. Denn er hat die Freiheit, es auch einmal nicht zu tun, ohne dabei die Freundschaft zu gefährden.

Du wirst auf einer neuen Stufe anziehend wie ein Magnet, und du bist dabei frei von Angst, denn du weißt, dass du anziehend bist.

Jetzt beginnt die Zeit, wo man anfangen kann, von Liebe und Heimat zu sprechen, wo man langfristige Entscheidungen treffen kann, weil man Verantwortung übernimmt. Man zweifelt nicht mehr bei jeder Krise an der Liebe an sich, weil man sich entschieden hat.

Du siehst, wo du gebraucht wirst und tust, was du kannst, um das Gesamte und dich selbst weiterzubringen.

Du bist da, du sagst ja, wenn du ja meinst und nein, wenn du nein meinst ...

Du lebst mit wachem Bewusstsein und registrierst deine Fähigkeiten, Strukturen und Fallen. Und du bleibst nicht bedauernd daran hängen, wenn etwas fehlgeschlagen ist.

Denn du siehst dich in einem Zusammenhang von Menschen, und bist voller Spannung und Neugierde dabei, das Zusammenleben so zu gestalten, dass es die Schönheit und das Leuchten der einzelnen verstärkt.

5. Die Träne der Erkenntnis

Die Träne der Erkenntnis ist in dem Märchen die Stelle, wo der Fischer, der die Skelettfrau, die er anfangs verabscheute und loswerden wollte, plötzlich wahrnimmt, Mitgefühl empfindet, das Skelett ordnet und entwirrt, in Felle wickelt, damit es nicht friert. Nachdem er eine halbe Nacht damit zugebracht hat, schläft er ein, und während er daliegt und träumt, rinnt eine helle Träne über seine Wange.

Estés schreibt:

Die Träne des Mitgefühls wird meistens nur in einem Zustand abgrundtiefer Erschöpfung geweint, wenn die psychologischen Schutzschichten und der Verteidigungswille erschöpft sind. Es gibt wahrscheinlich nichts, nach dem sich eine Frau mehr sehnt, als diese Träne im Auge ihres Mannes zu sehen.

Die Skelettfrau wartet und hofft auf ein Zeichen tiefster Empfindung, auf die Träne, die sagt: „ich gebe zu, dass ich verwundet bin, weil ich mich von dir, der Urnatur, abgeschnitten habe.

Frauen wie Männer ersehnen dieses Eingeständnis, in dem sich alle Projektionen auf den Partner auflösen und wir uns der verwundeten Beziehung zur eigenen Urnatur, der verlorenen Quelle gegenüber sehen.

Die Quelle ist der Zugang zur eigenen Instinktnatur, zu dem weiblichen Teil der Schöpfung, dem Zyklischen, dem Werden und Vergehen. Und es ist die Verbundenheit mit Menschen, mit Mutter Erde und allen ihren Geschöpfen.

Wir sind abgeschnitten von der eigenen Urnatur, – und das sind wir nicht nur in unserer jeweiligen Lebensgeschichte, wir sind es kollektiv seit einigen tausend Jahren Kulturgeschichte.

Wenn ich diesen Teil der Menschheitsgeschichte kenne, die ich am eigenen Leib durcharbeite, weiß ich, wie sinnlos es ist, dem Partner oder auch mir selbst alle Verantwortung für Missgeschicke und Sackgassen zu übergeben.

Wenn wir das verstehen, erkennen wir auch den Wahnsinn, der darin liegt, die Wiederverbindung mit der Quelle allein durch den Partner zu erhoffen.
Indem wir diesen Wahnsinn erkennen, entbinden wir unsere Freunde von dem Druck dieser unerfüllbaren Sehnsucht – und erschaffen mit ihnen gemeinsam ein Zusammenleben, wo Frauen und Männer sich unterstützen, bereichern, inspirieren und als freie Wesen begleiten.

Wir erkennen, dass Partnerschaft ein Begriff der Zukunft ist, der voraussetzt, dass eine *Kultur der Partnerschaft* entsteht.

Eine Kultur der Partnerschaft ist eine Kultur,
in der die Menschen die Verbindung
zur Quelle wieder gefunden haben,
in der Öffnung und Kontakt
zu allem Lebendigen wieder möglich wird,
eine Kultur, in der alle Menschen wachsen können,
weil kein Geschlecht das andere dominiert,
wo es keine Kriege gibt,
weil es keine Unterdrückung gibt;
eine Kultur, wo sich Eros und Religion,
Geist und Materie, das Fleisch
mit dem Herzen wieder verbinden;
eine Kultur, wo Macht kein Begriff der Herrschaft ist,
sondern der Pflege und Verantwortung.
Diese Vision ist unsere Quelle
und unsere Heilung besteht im Tun.
Indem wir daran arbeiten,
die ersehnte Kultur zu erzeugen,
sind wir bereits angekommen.

Wachstumsschritte in der Liebe

(Pfingsten 1999)

*Zuerst liebt man nur, wenn man geliebt wird.
Dann liebt man spontan, will jedoch wieder
geliebt werden.
Später liebt man auch, wenn man nicht geliebt
wird, doch liegt einem daran, dass die Liebe auf-
genommen wird.
Und schließlich liebt man rein und einfach,
ohne ein anderes Bedürfnis und ohne eine andere
Freude als nur zu lieben.*

Die „Mutter" von Auroville

Heute will ich über die innere Grenzverschiebung sprechen, die in der Liebe und Sexualität den wesentlichen Ausschlag gibt für Glück oder Unglückserfahrung.

Grenzverschiebung heißt hier: einen Bezugspunkt schaffen, der außerhalb meiner Alltagsrealität liegt. Es ist die Ausdehnung des eigenen Blickwinkels, über die eigenen Bedürfnisse hinaus auf den Partner, die geschichtliche Situation der Liebe und in die Lage der Welt. Und es heißt vor allen Dingen auch die Annabelung an das Spirituelle, an mein eigenes universelles Wesen und Wissen.

Es ist die Überschreitung der privaten oder individuellen Begrenztheit, der eigenen Wichtigkeit, des Anhaftens an Vorstellungen, Menschen und Dingen.

Ich selbst war lange und oft unglücklich in der Liebe. Ich bin also Expertin in der Glücksforschung.

Ich habe auf der äußerlichen und charakterlichen Ebene einiges versucht, um meine Situation zu verbessern, aber der Moment, von dem aus eine wirkliche Veränderung spürbar war, hatte zu tun mit dieser Grenzverschiebung.

Um diese Ausdehnung des Blickwinkels in die eigene Lebenshaltung zu integrieren, bedarf es einer bestimmten geistigen Lebensführung und eines täglichen Trainings, die ich inhaltlich beschreiben möchte.

Man findet einen anderen Bezugspunkt, wenn man das eigene Liebesbild in seiner geschichtlichen Situation versteht:

Ich bin zum Beispiel, wie viele Frauen, mit der Information groß geworden, dass der Lebenszweck der Frau erfüllt ist, wenn sie den richtigen Partner findet.

Dieses Bild liegt tief in unseren Zellen, und einiges an Lebensenergie ist darin gebunden.

Ich habe das große Latinum, weil ich in einen Typ vom neusprachlichen Zug verknallt war. Ich habe mich in einer politischen Gruppe engagiert, weil da coole Männer drin waren. Ob ich gerade einen Freund hatte oder ob es mit dem Freund, den ich gerade hatte, gut war, bestimmte so gut wie alles, was sonst im Leben lief, ob ich Lust hatte an Beruf oder Engagement etc. Wenn mir dann diese Abhängigkeit auf die Nerven ging, schnitt ich mich von meiner Sehnsucht ab, wurde ehrgeizig oder „emanzipiert", um meine eigene Kraft zu spüren.

Dieses Denken prägte mein Leben lange Zeit auf eine Weise, dass ich gar nicht auf die Idee kam, es könnte auch eine andere Möglichkeit geben. Wenn ich andere Gedanken hörte, fand ich sie wohl interessant, aber mein Leib und meine Seele bestanden auf der anderen Wirklichkeit. „Ich werde erst glücklich, wenn ich den richtigen Partner gefunden habe …". Die Freunde und Geliebten, die ich hatte, konnten da wenig lindern, fast waren sie wie Begleiter meiner Suche, bis dass der Richtige kommen würde, Ersatzfiguren für das eigentliche Glück.

Der Irrtum, der sich hinter dieser gesamten Gefühls- und Bilderwelt verbirgt, wird in folgendem Gedanken von Sobonfu Somé deutlich:

Die Trennung vom Spirituellen, wie wir sie im Westen erleben, führt zu einer stärkeren Konzentration auf das Konzept der romantischen Liebe. Sie schafft einen Strudel des Verlangens nach einem anderen Menschen, nach einer anderen Art, verbunden zu sein. Die romantische Liebe ist jedoch nur ein Weg, diese andere Verbindung, die wir eigentlich suchen – nämlich zum Spirituellen – herzustellen.

Das Beziehungskonzept der Dagara basiert unter anderem auf dem Prinzip, dass Beziehungen nicht privat sind. Wenn wir im Dorf von „unserer Beziehung" sprechen, beschränkt sich das Wort nicht auf zwei Menschen. Es ist seltsam, zwei Menschen als eine Gemeinschaft zu betrachten. Wo sind denn all die anderen?

Durch das Fehlen der Gemeinschaft ist ein Paar für sich und alles um sich herum ganz allein verantwortlich. Das reduziert die Möglichkeiten der beiden Menschen, ihre Bedürfnisse zu befriedigen, so dass ihre Beziehung ihre einzige Gemeinschaft wird.

Und wenn die Partner/in die entsprechende Rolle nicht erfüllen kann, fühlen sich die Beteiligten, als ob sie versagt hätten.

Das wirkt sich so dramatisch auf ihre Psyche aus, dass sie das Gefühl haben, es gäbe keinen Ort für sie.

Das heißt, das Grundgefühl von Heimatlosigkeit, das unsere Kultur prägt, hat ganz wesentlich mit diesem privaten Beziehungskonzept zu tun. Oder besser: mit der fehlenden Einbindung in ein größeres Ganzes, die dann ersatzweise in der Partnerschaft gesucht wird.

Das heißt doch: Wäre ich unter anderen Umständen aufgewachsen, in einer anderen Kultur, wäre vielleicht auch mein Liebesbild anders. Das war für mich eine ganz wesentliche Erkenntnis, denn dadurch wusste ich, dass ich mein Liebesbild überprüfen kann und auch verändern kann. Dass ich mich fragen kann, ob das überhaupt stimmt: und vor allem, ob es funktioniert, ob es mich glücklich macht.

Wenn ein Paar eine Gemeinschaft von Freunden einbezieht, können sie dafür sorgen, dass es mit der Intimität klappt. Aber es ist meistens eher so, dass die Leute meinen, eine Privatsphäre zu brauchen, und alles für sich behalten zu müssen. Wenn alles privat ist und man nicht darüber reden kann, führt das meistens zum Sterben der Beziehung. (Sobonfu Somé)

Da finden wir etwas als Erfahrung ausgedrückt, was einen wesentlichen Sinn und Ziel unseres Gemeinschaftsaufbaus ausmacht: ein großes soziales Gefäß, in dem Liebende sich frei bewegen können.

In einer „intentionalen" Gemeinschaft leben Liebende zusammen auch aus ganz anderen Gründen als ihrer beider Liebe.

Das heißt, die Dauer ihres Zusammenlebens hängt nicht vom momentanen Stand ihrer Gefühle ab. Es gibt etwas, was sie darüber hinaus verbindet.

Und so können beide ihren Bewegungen folgen, ohne sich ständig aufeinander beziehen zu müssen. Das funktioniert natürlich nur dann, wenn man sich auch geistig dafür entscheidet, sich diese Freiheit zu lassen.

Das entscheidet sich an Kleinigkeiten, wie zum Beispiel dem Gesicht des anderen am Frühstückstisch. Beziehe ich es auf mich, wenn es ein bisschen „verrutscht" ist, werde ich reagieren – mit Wut, mit schlechtem Gewissen, jedenfalls so, dass ich in seinem Bann bin. Es nicht auf mich zu beziehen, lässt mir die Freiheit zu handeln: ich kann ihn bitten, ein anderes Gesicht zu machen, ich kann woanders frühstücken, ihm was Lustiges erzählen, oder ihn fragen, was er braucht.

Das ist die banale, aber oft entscheidende Alltagsebene.

Der Wechsel des Bezugspunkts ist, dass man auf dieser Alltagsebene nicht „grundsätzlich" wird in dem Sinn: er macht schon wieder so ein Gesicht, also liebt er mich wohl doch nicht.

Wenn die alltäglichen Handlungen des Geliebten immer unter diesem Beweisdruck stehen, kommt er oder sie so unter Druck, dass es die Liebe schwer hat, lebendig zu bleiben!

Entbindet man sich von der Gewohnheit der Reaktion, entspricht das Maß an entstehender Freiheit dem Maß an Freude, das man hat, wenn man sich begegnet.

Um Ankommen zu können, muss man immer wieder weggehen können.

Ich brauche immer wieder die Situation, wo ich meinen Geliebten aus der Ferne beobachten kann, erleben kann, wie er im Großen wirkt, im Gemeinschaftsleben auftritt und spricht. Ich will ihn immer wieder neu entdecken können und eine Perspektive einnehmen, die frei ist von Vergangenheit und Zukunft. Eine Perspektive, aus der ich sein Wesen sehen kann, seine innere Bewegungen, unabhängig von meiner persönlichen Bindung an ihn. Das ist übrigens ein wesentlicher Sinn für das Forum (eine ritualisierte gemeinschaftliche Kommunikationsform, die im ZEGG praktiziert wird).

Die Gemeinschaft ist dazu da, diese Perspektive zu erschaffen. Die Gemeinschaft erzeugt ein soziales Kunstwerk für das Wachstum der Liebe: eine Verbindung aus geistiger Inspiration, Erforschung des Menschen und der Liebe und festlichen Zusammenkünften, erotischen und sinnlichen Arrangements ...

„Wie sieht ein Zusammenleben unter Menschen aus, das die Wahrheit und Lebendigkeit der Liebe fördert?" – wenn wir diese Frage als gesellschaftliche Herausforderung annehmen und umsetzen, tragen wir mit Sicherheit bei zu einer friedlicheren Welt.

Unsere Arbeit am Liebesbild ist auch von Bedeutung für die Kinder.

Ein Aspekt dabei ist, dass die Kinder befreit werden von den Liebesbedürfnissen der Erwachsenen. – Die Liebe zwischen Eltern und Kindern ist mit die schönste und innigste Liebe, die es gibt. Sie fließt selbstverständlich, sie ist einfach da. Manchmal möchte man sich wünschen, das wäre ebenso unter den Eltern – aber das ist eine andere Liebe, die andere Bedingungen und auch einen gewissen Einsatz braucht.

Unsere Kinder brauchen für eine unabhängige Liebesfähigkeit Eltern, die sich ein gesundes und lebendiges Umfeld für ihre eigene Liebe schaffen.

Ich kann mich ziemlich gut hineinfühlen in die vielen Beziehungen von Müttern und Söhnen, wo der Sohn wegen einer fehlenden oder missglückten Beziehung zum Partnerersatz wird. Dadurch beginnt der Mann sich im Kindesalter schon gegen das Weibliche in mütterlicher Form zu wehren und abzuschotten, und zwar einfach, weil er überfordert ist. Und wie schade ist es darum, denn die unüberlastete Liebe zwischen Mutter und Sohn könnte die natürlichste Quelle für ein Vertrauen in der Liebe sein. Die erste Liebe des Lebens ist das Leitbild für die Liebe eines Menschen.

Das gilt bestimmt auch umgekehrt für Väter und Töchter, das kenne ich nur aus Tochterperspektive. Beides ist ein ganz subtiler Vorgang, den selbst aufgeklärte und sehr bewusste Menschen kaum wahrnehmen und verändern können, wenn sie nicht ein entsprechendes soziales Umfeld schaffen.

Ich glaube, dass die meisten Männer, die heute erwachsen sind, diese Erfahrung als Söhne gemacht haben. Das ist nicht der Fehler der Mütter, sondern historische Situation, die wir kennen müssen, wenn wir die Liebe heilen wollen.

Es geht dabei auch um die Wiederverbindung von Mütterlichkeit und Erotik. Das mag noch unvorstellbar klingen, aber ich glaube, dass darin für beide Geschlechter ein süßes Geheimnis verborgen liegt.

In zu kleinen Lebenssystemen werden Liebeswünsche und Liebesenttäuschungen so unmittelbar auf die Kinder übertragen, dass ihre eigene Annäherung an die Liebe fast nicht mehr möglich ist. Das heißt, sie machen keine *eigene* Erfahrung, sondern sie machen immer dieselbe oder reziproke Erfahrung der Eltern. Wenn sie aber Eltern haben, die sich ein gesundes soziales Umfeld geschaffen haben, sind sie frei, ihre eigenen Erfahrungen zumachen.

Wenn du zum Beispiel ein Kind hast, ist es nicht nur deins, sondern das Kind der Gemeinschaft. Schon von der Geburt an ist nicht allein die Mutter für das Kind verantwortlich. Jeder und jede kann das Kind ernähren und behüten.

Kinder werden dazu ermutigt, auch Personen außerhalb der Familie Mutter und Vater, Schwester und Bruder zu nennen.

Ich erinnere mich, wie ich mir als Kind jeden Tag einen anderen Vater aussuchen konnte, ganz meiner Laune entsprechend. Wenn ich mir also einen meiner Onkel als Vater für den Tag ausgesucht hatte, ignorierte ich die anderen einfach. Und ich wusste, sie würden es nicht persönlich nehmen, weil sie es als Möglichkeit sahen, dass ein Kind entscheidet, was es will. Es trägt auch dazu bei, dass viele Menschen im

Dorf das Kind anerkennen und seine spirituelle Energie sehen. (Sobonfu Somé)

Um es noch einmal zusammenzufassen: Der Drehpunkt in der Liebe besteht darin, Fehlschläge oder Schwierigkeiten in der Liebe nicht zu persönlich zu nehmen, sondern eine Perspektive zu schaffen, aus der ich sehen kann, was zu tun ist.

Dazu gehört ganz wesentlich eine Gemeinschaft oder soziales Umfeld, das mir Weite und Schutz bietet für die Nähe, den Abstand und Austausch unter Liebenden.

Ein weiterer Aspekt der Heilungsarbeit berührt die mentale Prägung unserer Kultur: das Konsumdenken. Das Gedankenfeld des Konsums ist nicht zu unterschätzen. Milliarden von Dollars werden täglich da hinein gepumpt. Das heißt, wir leben in einem mächtigen und subtilen System, das unser Leben durchzieht und sich natürlich auch auf unser Liebesverhalten auswirkt.

Das Konsumdenken in der Beziehung zu anderen Menschen ist auf Erfüllung bedacht. Es „braucht", es fordert die Befriedigung. Es fühlt sich im Recht und will Recht behalten und keine Verantwortung übernehmen.

Ich bin oft über mich selbst frappiert, wenn ich mich wieder dabei entdecke, dass ich wutschnaubend durch die Gemeinschaft laufe in der wohlbedachten Meinung, dass die anderen einen Fehler gemacht haben oder dass *sie* schuld sind an irgendeinem Unheil. Es kommt natürlich vor, dass andere Menschen einen Fehler machen. Aber ich meine jetzt die Situationen, wo ein Fehler passiert ist, in den ich irgendwie verwickelt war, aber nicht ganz, und eigentlich hab ich doch damit nichts zu tun, wer hat denn wieder …

Ich kann inzwischen an der Art meiner Wut erkennen, ob es wirklich die anderen waren, oder ob ich mich aus meiner Verantwortung ziehe und dadurch zu ihrem Opfer mache.

Ich beschreibe das, weil es gerade auch in Beziehungskonflikten der häufigste Fall ist: unser Focus liegt so oft darauf, dass der andere sich verändern müsste, wenn *er/sie* anders wäre, wenn *er/sie* mich anders begrüßt hätte … wenn *er/sie* öfter mit mir ins Bett gehen würde …, dann …

Ich gebe meine Macht ab. Übernehme ich aber die Verantwortung, auch für den kleinen Anteil an dem Fehler, den ich beigetragen habe, gewinne ich Macht. Sofort kommt die Energie zu mir zurück. Denn es geht nicht darum, wer schuld ist oder recht hat, sondern wer die Verantwortung übernimmt. Und der kann die Situation sofort verändern.

Liebe basiert auf der Grundlage, innerlich tatsächlich frei für die Wahrnehmung eines anderen zu sein. Meistens verwechseln wir den Zustand der Liebe mit der Forderung, geliebt zu werden. Freie Liebe bedeutet nicht, dass man von einem zum nächsten wechselt. Du wirst, was du suchst, nie finden, wenn du immer an den gleichen Stellen abhaust. Und je mehr Menschen du auf deinem Weg verlässt, umso mehr steigt die Angst, verlassen zu werden. (Sabine Lichtenfels)

Ich habe diese konsumhafte, fordernde Liebe in meiner Freundschaft zu einem Mann jahrelang praktiziert. Ich habe ihn benutzt für eine bestimmte Sicherheit, obwohl ich nicht zufrieden war mit unserer Freundschaft. Sie entsprach nicht meinem Ideal. Das bekam er auch immer wieder zu spüren. Und wenn ich mich parallel auf einen anderen Mann einließ, war das oft wie ein Test, ob es nicht doch einen Besseren geben könnte … Bis ich meinen Verrat an der Liebe bemerkte und im Zuge dieses Erschreckens wieder erkannte, was mich mit ihm verband. Und ich traf eine Entscheidung:

Ich begann ihn dafür zu lieben, wer er ist. Ich hörte auf, ihm meine Idealvorstellung überstülpen zu wollen und begann, ihm zu sagen, was ich liebe und wie ich lieben möchte.

Du beginnst also, den Mann wahrzunehmen, und ihn zu lieben für das, was er ist.

Love the one you're with. Liebe den Partner, den du hast. Das ist kein Allheilmittel, aber eine interessante Herausforderung, bevor man zu schnell weitergeht.

Und du bist erstaunt darüber, wie der Geliebte durch die gewonnene Freiheit beginnt, dir lang gehegte Wünsche zu erfüllen, an deren Einlösung du schon fast nicht mehr geglaubt hast.

Damit meine ich die Freiheit, die entsteht, wenn er nicht mehr unter dem Druck meiner Erwartungen steht – das gilt ganz stark auch im sexuellen Bereich.

Die Liebe und der Eros brauchen diese Freiheit!

Es ist das Reifwerden, Erwachsen werden in der Liebe: Man hat die Verantwortung für das eigene Glück selbst übernommen, und so kann der Partner aus freien Stücken den Kontakt zu dir aufnehmen und bereitwillig deine Wünsche erfüllen und da sein, wenn du ihn brauchst. Denn er hat die Freiheit, es auch einmal nicht zu tun, ohne dabei die Freundschaft zu gefährden.

Sobonfu Somé:

Die Romantik ignoriert die Stufen des spirituellen Zusammenkommens, wobei wir am Fuße eines Berges beginnen und gemeinsam zum Berggipfel steigen.

Sie lässt der wahren Identität der Beteiligten keinen Raum, sich zu offenbaren.

Sie fördert die Anonymität und zwingt die Menschen dazu, sich hinter Masken zu verstecken. Es wird so vieles verdeckt, dass es Jahre dauert, bis du die wahre Identität deiner Partnerin oder deines Partners entdeckst. Ich weiß, dass einige Menschen ihr ganzes Leben mit einer fremden Person verbringen.

Sich vom Fuße des Berges hochzuarbeiten, bedeutet, dass du dafür sorgst, dass die andere Person ver-

steht, wer du bist, und dass du mit jedem Schritt verstehst, wer sie ist.

Tatsächlich interessiert sich die romantische Liebe, die eine Entsprechung hat zur Konsum-Liebe, nicht so sehr dafür, wer der andere ist, sondern viel mehr, ob er/sie den eigenen Idealen entspricht. Statt ihn/sie kennen zu lernen, stürzen wir uns in Leidenschaft und Verklärung: „So etwas habe ich noch nie erlebt …"

Wir sind ja tendenziell verschlossene Organismen auf der Suche nach Öffnung. Und wir öffnen uns aber nur unter der Bedingung, dass der andere auch sicher bei uns bleibt. Diese Sicherheit gibt es aber nicht. Wir brauchen eine Lebensweise, in der wir das Vertrauen in uns selbst und in andere gewinnen, dass wir zusammenbleiben, aber sicher ist es nie.

„Leben kann sich nur entfalten in Unsicherheit.", sagt Kükelhaus. Das einzig Sichere im Leben ist die Veränderung. Wir sind also herausgefordert, die Sicherheit, die wir brauchen, woanders zu finden als im Lebenspartner.

Die unsicherste Zeit ist die Zeit des Kennenlernens.

Um die Spanne auszuhalten, die von diesen ersten Momenten der Entdeckung eines interessanten Menschen bis hin zu einem wirklichen Kennenlernen einige Zeit dauert, braucht man einen inneren Bezugspunkt, der nicht definiert: „Der ist es.

Das ist mein Partner. Den will ich haben." Mit dieser Definition, sei sie nun ausgesprochen oder nicht, könnte der erste kleine Tod der Liebe passieren.

Liebe lässt sich von ihrem Wesen her nicht definieren, nicht einfordern und nicht vertraglich regeln. (Es gibt vielleicht sinnvolle befristete Verträge, wenn Liebe da ist und man sich auf eine bestimmte Erfahrung konzentrieren will.)

Lassen wir der Liebe die Schönheit ihrer anarchistischen Kraft.

Der Bezugspunkt, der nicht definiert, ist ein geistiger Standort, ein Ort der eigenen Kraft und Konzentration, von wo aus ich es mir leisten kann, mein Herz zu öffnen, ohne Bedingungen an andere zu stellen.

Ich muss dazu sagen, dass es natürlich Bedingungen gibt: ich brauche die anderen. Ich brauche ihre Solidarität, ihre Rückkoppelung, ich brauche es letztlich auch, dass mein Geliebter und die Menschen um mich herum die volle Verantwortung übernehmen, ich brauche Wärme, ich muss mir mal von der Seele reden können, ich brauche Sex, ich brauche Menschen, denen ich sagen kann, was ich brauche usw.

Aber es gibt einen anderen Bezugspunkt als alles das, eine Art Heimat im Größeren, in der Natur oder in Gott, von wo aus ich aus einer Ruhe und Unabhängigkeit heraus um das bitten kann, was ich mir wünsche. Und eine echte Bitte lässt dem anderen immer frei, ob er sie erfüllt.

Es gibt also keine Bedingung in dem Sinn: wenn ich das nicht habe, leide ich und verschließe mich, sondern: ich sorge mit dafür, dass es entsteht. Das ist der Unterschied. Und ich sorge als erstes dafür, dass es in mir entsteht.

„Sei glücklich, und die Ursache für dein Glück wird sich einstellen." Heißt ein interessanter spiritueller Leitsatz.

Sabine Lichtenfels verdichtet es in der Aussage:

Die Erfüllung in der Liebe hängt nicht vom Partner ab, sondern von der Art, wie man lebt.

Zum Abschluss noch ein paar Gedanken zum Umgang mit Sehnsucht:

Mein Umgang mit Sehnsucht im Liebesbereich war meistens mit Leiden verbunden. Da klang etwas in mir an, was in weiter Ferne lag, irgendwie unerreichbar, ganz im Sinne von „Wer die Sehnsucht kennt und sich nicht drückt, der wird verrückt."

Ohne es zu wissen, schnitt ich mich deshalb von meiner Sehnsucht ab.

Ich stieß dann bei Dieter Duhm und Sabine Lichtenfels auf eine Inspiration:

Folge deiner Sehnsucht so, dass du dich mit ihrer Erfüllung verbindest.

In deiner Sehnsucht liegt das eigentliche Wissen deiner ganzen Gestalt. Verbunden mit diesem Wissen weichen das zehrende Verlangen und die Ungeduld von dir, und du kannst in Ruhe Tag für Tag hören auf die Antworten, die die Welt dir gibt.

Sehnsucht gibt es nur, weil es auch Erfüllung gibt.
Das, wonach sich unser subjektives Verlangen sehnt, existiert als objektive Erfüllung immer gleichzeitig. Die Welt ist polar aufgebaut, und aus dem Verweilen in der Polarität entsteht etwas Neues.
Da ist die Sehnsucht und das Ding, was die Sehnsucht erfüllt: verhalte dich in dieser Spannung, und du bist im Vorgang des Liebens.

Es gibt manchmal solche Sätze, die mich tief treffen. Ich spüre einfach, dass sie wahr sind, und dass sie mir eine Antwort geben auf eine lange Suche. Ich nehme solche Sätze in mir auf, lese und lese sie immer wieder, bis mir Situationen begegnen, wo ich sie anwenden kann.

Eine tiefe Sehnsucht von mir ist die nach sexueller Intimität. Das sind sexuelle Begegnungen, die gewachsen sind aus einer intimen Verständigung und geistigen Nähe. Begegnungen, wo sich mein Leib und Seele „entschlüsseln", sich Schicht um Schicht entblättern, bis hin zu meinem innersten Kern.

In diesen Augenblicken erlebe ich eine Verbindung zur Welt, eine Verbindung zum Spirituellen und zu dem, wo ich fühle wie der Mann fühlt und der Mann fühlt, wie ich fühle, oder wo es fast kein Ich und Du mehr gibt für einen Moment.

Seit ich mich in der Spannung zwischen Sehnsucht und Erfüllung übe, erlebe ich diese Intimität frei von Angst, sie könnte zu Ende gehen und frei von der Angst, sie könnte weniger werden, wenn eine andere Frau sie mit demselben Mann erlebt. Früher hatte ich diese Angst, weil intime Erfahrungen gebunden waren an das Bild von *meinem Freund*. Ich konnte mir diese Offenbarung meiner Seele und meines sexuellen Wesens nicht anders vorstellen als mit Männern, die ich an mich binden könnte.

Durch den anderen inneren Bezugspunkt gibt es diesen Mann nicht, der mich stehen lässt, sondern ich bin es, die die Verbindung hält, im Vertrauen.

Liebe und Verantwortung

(Pfingsten 2000)

Die Tragik der Liebesbeziehungen der letzten Jahrhunderte liegt darin, dass etwas gesucht wird an einem Ort, wo es nicht zu finden ist. Sie suchten bei einem einzelnen Menschen, was sie im Universum verloren haben.

Die Liebe wurde verwechselt mit der persönlichen Fixierung aufeinander, und diese trägt die Verlustangst in sich.

Freie Liebe – Liebe ohne Angst – können wir nur finden, wenn wir den Anker im Universum wieder gefunden haben. (Dieter Duhm)

Der Verlust des Spirituellen löst einen Strudel des Verlangens nach einem einzelnen Menschen aus.
(Sobonfu Somé)

Teil I – Studium der Liebe

Mich auf den Weg der Liebe zu begeben ist eine spirituelle Ausbildung.

Sie beginnt damit, dass ich das Wesen der Liebe studiere – ich nehme einen geistigen Standort ein jenseits meiner alltäglichen Bedürfnisse und beobachte ihre Wirkungsweise. Dazu vier Kapitel:

1. Die Liebe ist eine kosmische Energie.
Freie Liebe ist eine Qualität der Schöpfung,
nicht eine Erfindung des Menschen.

Die Liebe ist wie ein Feuerball.
Das Erotische ist wie die Paradiesvögel, –
wenn man es packen will, weicht es. (Claire Niggli)

Eros ist eine Ausdrucksform der universellen Liebe.
Eros ist nicht etwas,
das man kriegen oder besitzen kann.
Aber er ist mit dir,
wenn du seiner Freiheit in deiner Seele Raum gibst.
(Sabine Lichtenfels)

Wenn wir die Perspektive des Habenwollens verlassen, um die Kraft der Liebe und des Eros zu studieren, können wir uns zu einem Gefäß entwickeln, die diese Kräfte einlädt und anzieht.

Der Eros liebt die Beiläufigkeit. Er kommt gerne vorbei, wo Öffnung ist, wo eine gerichtete Energie ist.

Nicht suchen, sondern finden:
Ich sorge dafür, dass ich bereit bin.
Ich lade ein:
Und das Kommen auf eine Einladung hin
ist immer freiwillig!
Das ist das Geheimnis:
die Liebe kommt, wenn sie darf, nicht wenn sie muss.

Wie gerne würden wir den Eros packen, besitzen, planen. Jetzt bin ich bereit. Also soll er jetzt auch kommen.

Aus dieser Perspektive sind wir sauer, wenn er nicht kommt.

Aus der kosmischen Sicht wissen wir: „wenn man es packen will, weicht es" – dann packen wir es nicht, nicht in echt – vielleicht im Spiel.

Durch das Loslassen und Austreten aus der Bezogenheit kommt eine Leichtigkeit in meinen Leib, die anzieht.

Eros geschieht nicht „um zu", Eros ist Leichtigkeit. Und von daher ein spiritueller Lehrer im feinsten und direktesten Sinn!

Unser Leiden in der Liebe kommt daher, dass wir versucht haben, die kosmische Kraft der Liebe in irdische Gefäße (und irdische Ansprüche/Gedanken) zu füllen, die aber in ihren Formen nicht dem Bewegungsfluss der Liebe entsprechen.

Wie sehen die Gefäße aus, die die kosmische Kraft der Liebe und des Eros anziehen?

Das versuche ich im nächsten Kapitel zu beantworten.

2. Jedes Wesen hat seinen Platz

In einem Organismus, in einem Biotop, im Planetensystem und in einem Beziehungsnetzwerk hat jedes Wesen seinen Platz.

Wer bist du? Was ist dein Wesen, welche Art von Liebe entspricht dir? Was ist dein Geschenk, deine Gabe für das Ganze? Was entspricht dir in dieser Phase deines Lebens?
Wer bist du im Zusammenhang mit anderen Frauen/Männern?

In einem funktionierenden Biotop gibt es keinen Vergleich und keine Konkurrenz!

Wer ist der andere? Welche Art von Liebe entspricht ihm? Was macht die Beziehung ihm aus? Was ist der richtige Abstand? Welchen Platz hat er in deinem Herzen?
Je präziser wir das wissen, umso klarer und konfliktfreier sind unsere Begegnungen.

Daraus ergibt sich ein *Netzwerk von Beziehungen, das mich hält.*
Vielleicht ist eine/r darunter, wo am meisten Sinnlinien hin und hergehen. *Vielleicht* ist dieser Mensch ein Lebensgefährte ... ein Partner ...
Lass dir Zeit mit Definitionen! Wir definieren so oft nur deshalb, damit wir ihm sicher sein ...
Wir sagen „verliebt", – und meinen damit, dass

wir uns wünschen, dass er bei uns bleibt?
Oft kennen wir ihn noch gar nicht!

Jedes Wesen hat seinen Platz! Lass dir Zeit, diesen Platz zu finden!
Wie oft habe ich nach einer geilen Nacht gedacht, der ist es …

Mit dem Gedanken: „der ist es" ist der Höhenflug oft schon vorbei.
Die Angst schießt ein. Die Frage, ob er mich auch will. – Können wir nicht warten …?
Stellt euch vor, es gäbe Rituale, wo man das Glück von solchen Nächten in Gesängen oder anderen Gaben hinaus gibt an die Welt …, damit man es nicht zurück binden muss an die Person, mit der wir es erleben durften.
Die Person hat das Glück mit ausgelöst. Ja. Ich will sie wieder treffen. Ja.
Lass uns schauen, was passiert, wenn wir uns wieder treffen.

Liebe braucht Zeit. Deshalb lasst uns Liebesweisen finden, wo wir uns in aller Ruhe entdecken können, ohne zu definieren. *Im Akt des Definierens* rufen wir die in Jahren angesammelte Liebeshoffnung und -Enttäuschung ab, und sie wird in unseren Begegnungen ständig mitschwingen.
Die Sicht auf den anderen ist verstellt mit alten Bildern und Wünschen!

Halte den Blick frei, indem du den anderen aus kosmischer Sicht betrachtest: in seinem Wesen, Wirken und Werden.

Richte dein Interesse auf den Entwurf, auf seine und deine Möglichkeit.

Daraus entsteht von selbst die Treue, an die du glauben kannst.

Zum Studium der Liebe gehört die Frage, wie wir ein Höchstmaß an Kommunikation ermöglichen, und möglichst im gesamten Liebes-Netzwerk/Biotop. Damit meine ich eine Art von Kommunikation, die nicht auf mich bezogen ist, sonst kann ich den anderen nicht erkennen.

Ich kann zum Beispiel das Wesen eines Geliebten nicht erkennen, wenn mein Blick getrübt ist von der Frage, ob er mich wirklich liebt. – Wenn ich aber aus einer geistigen Sicht zum Beispiel sehen kann, wie und wo er andere Frauen liebt, wo sein Herz schneller schlägt, wo er sich nicht traut, aber eigentlich will …

… kann ich sein Wachstum unterstützen, auch wenn es vielleicht nicht meinem momentanen Bedürfnis entspricht.

Diese Art von Kommunikation braucht einen großen sozialen Rahmen.

In das Verhältnis von Mann und Frau spielen so viele Faktoren mit – unsere Kultur, die Geschichte, Erziehung, die biografischen Erfahrungen …

Die Heilungsarbeit, die zwischen Mann und Frau ansteht, kann nicht nur zwischen zwei Menschen allein geschehen. Das ist Kulturarbeit.

Es braucht einen ganzen Stamm, um einen Liebesbeziehung zu nähren.

Deshalb ist es unsere Aufgabe, wieder bewusst Biotope (Gemeinschaften) aufzubauen, in denen Liebende ein organisches menschliches Umfeld finden, welches über der individuellen Ebene noch ganz andere Heilungsfaktoren bereithält. Freie Liebe hat nur einen Sinn und kann überhaupt nur existieren, wenn sie verbunden ist mit Vertrauen und zwischenmenschlicher Wahrheit.

3. In der Schöpfung gibt es keine geschlossenen Systeme

Und so auch in der Liebe. Keine Beziehung kann sich wirklich von Anziehungspunkten außerhalb abschließen.

Aus kosmischer Sicht ist es auch unverständlich, warum man das tun soll.

Ein Mensch, der liebt, ist schön, und wird natürlicherweise auch von anderen Menschen geliebt.

Und überall, wo Liebe geschieht, ist das eine Bereicherung für das Ganze.

Anziehungspunkte außerhalb der Beziehung nähren.

Wenn man dabei ist, sich kennen zu lernen, wird man eine Zeitlang wenig auf die anderen Anziehungspunkte schauen. Aber man sollte wissen, dass sie ins Blickfeld geraten werden – und sich darauf vorbereiten, sie willkommen zu heißen, wenn es soweit ist.

Das gilt auch für frühere Liebespartner. Ich kann mir nicht wünschen, dass mein Geliebter seine früheren Geliebten verlässt – denn meine Seele weiß, dass ich eine von ihnen bin. Finden wir aber eine geistige Kraft in der Liebe, die die früheren Geliebten einschließt (wenn es wirklich um Liebe ging), dann weiß meine Seele, dass sie immer ein Teil seines Herzens bleiben können.

Ich verlasse nicht mehr.
Je mehr ich Beziehungen abbreche und Menschen verlasse, wächst in mir meine eigene Angst, verlassen zu werden. Freie Liebe bedeutet nicht, dass man vom einen zum nächsten wechselt. Du wirst, was du suchst, nie finden, wenn du immer an den gleichen Stellen abhaust.
„Es gibt keine geschlossenen Systeme"

Nun, da stimmen viele überein: „Hurra, Zäune weg, Verträge weg, die Liebe ist frei" …
So geht es vielen, die vom ZEGG zurückfahren nach Hause, und voller Begeisterung alle alten Formen über Bord werfen.
Das sind verständliche Reaktionen, und vielleicht ist es bei dem einen oder anderen auch tatsächlich der richtige Zeitpunkt, das zu tun. Bei

vielen aber ist es viel zu früh und viel zu unbewusst, – eben eine Reaktion, die nicht aus dem eigenen Wissen kommt. Und sie stürzen sich nicht in freie Liebe, sondern in ein Chaos von verwickelten Mehrfachbeziehungen, oder sie reiten auf einem unverbindlichen sexuellen Konsumtrip …

Bis sie es leid sind und zurückkehren zu den guten alten Formen, das ZEGG blöd finden und zwei Jahre nicht mehr herkommen …

Wir brauchen ein geistiges Verstehen der Liebe – viel mehr als zu schnelles Handeln!

Freiheit heißt nicht: möglichst viel und möglichst oft!

Freiheit heißt: in der Lage sein, eine bewusste Entscheidung zu treffen: Wissen, wer ich bin, wissen, wer der andere ist, wissen oder herausfinden, welche Art von Kontakt zwischen uns stimmt: wann kommt ein volles Ja, wann kann ich mit bewusstem und geöffneten Herzen in diesen Kontakt gehen …

Prüfe, wenn du sexuell zu einem Partner gehst, ob dein Herz offen ist. Gehe nur, wenn du in dir ein eindeutiges Gefühl von Liebe und Freude spürst.

Eine Verbindung mit dem Herzen zeigt sich unter anderem darin, dass du dir deines Wunsches sicher bist.

Ich spreche für eine *Verlangsamung* – vor allem für die Tagungen hier im ZEGG.

Sinnliche Kontakte wollen ein Gottesdienst sein – eine Feier der Begegnung – oder sie mögen der Erkenntnis dienen: Sexualität = sich Erkennen.

Beides geschieht leichter, wenn wir uns verlangsamen und wahrnehmen.

Freie Liebe ist der Beginn eines Weges.

Es ist ein Studium des Lebens und dauert das ganze Leben.

Und zu Beginn des Weges ist es sinnvoll, nur diejenigen Schritte zu tun, die ich in meinem Stand des Wissens verstehe und richtig finde, die ich in Vertrauen und mit ganzen Herzen tun kann.

Die ich tun kann ohne Angst.

Frei von Angst in mir – und in meinen Freunden! Denn wenn ich durch mein Handeln Angst in anderen auslöse, fällt sie auch auf mich zurück.

Das heißt nicht, dass ich die Ängste des anderen zu meinem Maßstab mache.

Aber ich kann ihn einbeziehen in meine Gedanken, und ich kann eine geistige Verständigung versuchen.

4. Die Liebe liebt die Schönheit

Schönheit ist der Glanz der Wahrheit.

Jedes Wesen ist schön, wenn es seinen Platz gefunden hat. Jeder Mensch ist schön, wenn er mit seinem wahren Wesen verbunden ist.

Schaust du in den Spiegel, und findest dich nicht schön, dann hast du nicht richtig geschaut.
(Pir Vilayat Khan)

Vielleicht siehst du etwas, das dich hässlich macht. Es ist die Verstellung. Hinter der Verstellung ist die Schönheit.

Liebe setzt Selbstliebe voraus.

Es ist schwer, jemanden zu lieben, der sich selbst nicht liebt. Um sich selbst zu lieben ... braucht man Gegenüber. Es gibt kein Selbst-BewußtSein ohne WahrGenommenwerden.
  Sorge dafür, dass du wahrgenommen wirst. Zeige dein Wesen.
  Selbstliebe heißt: den Entwurf von sich kennen ... den erfährt man auch durch die Augen der anderen.
  Wenn ich meinen Entwurf kenne, habe ich auch den Mut zur Veränderung. Es ist ein Sog, der mich zieht.

Es ist unsere spirituelle Pflicht, das Bestmögliche zu entwickeln.

Jedes Wesen ist schön, wenn es seinen Platz gefunden hat.
Finde deinen Platz: und wenn du ihn noch nicht kennst, frage: wo werden meine Gaben gebraucht?

Menschen, die um sich kreisen, oder um die Frage, wie sie geliebt werden, bieten für den Engel der Liebe gar keinen Landefläche. Sie sind besetzt von sich selbst. Das Telefon ins Universum ist belegt.
Schön sind Menschen, die etwas vorhaben, denn es verbindet sie mit einer größeren Kraft.

Die Aufgabe von Liebesbeziehungen sollte sein, die Schönheit und das Leuchten voneinander hervorzubringen - eine Wachstumsgemeinschaft im Dienst der Welt.

Teil II – Vom Habenwollen zur Anteilnahme

Das göttliche Bewusstsein schafft keine Bedürfnisse, damit du ihnen entsagst. Es schafft aber auch keine Bedürfnisse, damit du ihnen erliegst. Jedes Bedürfnis, jeder Wunsch, jedes Verlangen ist dein Lehrer und dient einer höheren Erkenntnis.
Jeder innere Wunsch ist dein Wegweiser zu Gott.
(Sabine Lichtenfels)

Ich stelle mich in den Dienst der Wissenschaft.

Ich bin Studentin der Liebeskraft. Ich will wissen, was das Wesen der Liebe ist, wann sie von selbst fließt, was sie braucht, um zu wachsen. Wodurch wird sie angezogen, wo verdrückt sie sich. Wie wende ich mein spirituelles Wissen an im Bereich der Geschlechterliebe?

Das heißt: ich studiere. Ich möchte etwas herausfinden über die Liebe.

In dem Moment trete ich mit meinen Bedürfnissen zurück, mein Wissenwollen kommt in den Vordergrund.

Nicht ich bin das Zentrum der Welt, sondern das Ziel ist die Liebe zu verstehen, wie sie frei wird von Angst.

Das ist der Hauptrichtungswechsel.
Nicht ich bin das Zentrum der Welt.

Wer ist der andere. SEHEN, wer der Mann/die Frau ist – ohne Rückbezug auf mich und meine Bedürfnisse.

Nicht ich bin das Zentrum der Welt.

Vom Habenwollen zur Anteilnahme, nicht nur am anderen, sondern am Schicksal der Liebe.

Es geht nicht um Einlösung hier und jetzt, sondern um Verstehen.

Ich will mir Substanz aneignen – das wiegt mehr als die heutige Nacht.

Ich bin das Zentrum der Welt – wenn ich verbunden bin mit dem Zentrum der Welt.

Nicht aus eigener Kraft. Nicht auf eigene Rechnung. Nicht die gerade Linie des abgeschossenen Pfeils, sondern das Kreisen einer größeren, ewigkeitsbezogenen Kraft.

Der Sex braucht zuerst die religiöse Verbindung, weil er sonst immer ein Ersatz ist.

Du musst erst zu „Gott" und dann zum Mann.

Ich muss die Verbindung zum Spirituellen herstellen, bevor ich zum Mann gehe.

Nimm erst Kontakt zu deiner größeren Gestalt auf – sonst muss er/sie als Ersatz für deine Annabelung herhalten.

Man kann schon auch hingehen, wenn es einem mal schlecht geht, es kommt auf die innere Haltung an, ob ich weiß:

Er kann meine Quelle, meine Eigenarbeit nicht ersetzen.

Wenn ich denke, dass der Mann meine Quelle ist, ist das eine Verwechslung – mit einer Quelle, die er erst sein kann, wenn ich sie wieder gefunden habe.

Und auf der Suche danach können wir uns achtsam und bedacht begleiten.

Das hat mit Respekt zu tun: Wir müssen die Zone der Heiligkeit des anderen achten.

Gehe zuerst zu „Gott" und dann zum Mann.

Weil wenn „Gott" da ist, dann bist du bei dir zuhause, und dann kann der Mann/die Frau auch jemand treffen, den er sonst nicht trifft.

Die spirituelle Erfahrung ist, dass die Liebe immer da ist.

Du kannst dich jederzeit anschließen, wenn du die Anstrengung der egozentrierten Welt verlässt.

Du bist geliebt, weil und wie du bist, ohne Bedingungen.

Seit ich Mutter bin, kenne ich diese Qualität der Liebe: Ich habe die volle Verantwortung für den Kontakt zum Kind. Ich habe alles zu mir zu nehmen, was mir nicht gefällt. Ich gebe ihm Korrekturmöglichkeiten oder ändere mein Verhalten.

Das Geheimnis der bedingungslosen Liebe: ich habe die volle Verantwortung für den Kontakt.

Es geht in der Liebe um den Moment, wo man nicht mehr rechnet. Wo man liebt, weil man liebt.

So fühlt sich Frieden an zwischen Mann und Frau:
Wenn jeder bei sich zuhause ist und bei „Gott" zuhause ist und sie sich dann treffen.

Liebe ist Kommunikation von Zentrum zu Zentrum

Die radikalste Umkehr in der Liebe ist die vom Habenwollen in die Anteilnahme.

Liebe ist voll gelebtes Leben

(Sommer 2000)

Mit voll gelebtem Leben meine ich eine Kultur, die das ganze Leben achtet, die den Menschen in allen seinen Aspekten fördert: in seiner spirituellen, seiner sexuellen und seiner politischen Natur.

Wenn diese Aspekte bejaht und verbunden werden, ist der Mensch ein Liebender, denn er befindet sich in einem Daseinszustand der Ganzheit.

Den Daseinszustand der Ganzheit, bedeutet eine neue Kulturentwicklung, denn unsere Kultur ist eine Kultur der Trennung.

Unsere Kultur hat die wesentlichen Quellbereiche des Menschen voneinander getrennt, den Mensch vom Kosmos, den Mensch vom Menschen, das Individuum von der Gemeinschaft, den Menschen von der Natur, das Spirituelle vom Sexuellen, die Liebe aus dem gesellschaftlichen Leben.

In der Trennung des Menschen vom Kosmos entstand die große Selbstüberschätzung des Menschen. Es entstand das Ego. Das Ego ist ein Stück getrenntes Leben, Leben, das von der Quelle getrennt ist und nun glaubt, selbst die Quelle zu sein.

Durch die Trennung des Individuums von der Gemeinschaft entstand die Haltung, dass es sich behaupten muss, um sich kraftvoll zu fühlen. Es muss sich abgrenzen, um die eigene Identität zu erleben. Die Kraft des Wir-Gefühls wächst *gegen* die anderen. Die anderen, die anders sind, werden als falsch erlebt.

Als Liebe und Sexualität herausgelöst wurden aus dem gemeinsamen Ganzen, und ins Private verbannt, hat sich der Starkstrom der Sexualität gespalten in einen erlaubten und einen verbotenen Teil. Und nicht zuletzt wurde die (kirchliche) Religion, statt den Menschen mit dem Heiligen zu verbinden, zum Herrschaftsinstrument, das den Menschen klein und unwissend hält.

Die bestehende Kultur diente der Verkleinerung des Menschen, – und die Umkehr dieser Kulturentwicklung heißt, ihn wieder zu verbinden mit seiner kosmischen Größe und mit den Quellbereichen des Lebens.

Unser Ziel ist eine Kultur der Ganzheit, der Kooperation, der Verbundenheit und Verantwortung, eine Kultur ohne Gewalt.

Wir befinden uns in einem Forschungsstadium, in dem wir mit den Fragen arbeiten, wie das geht, was es dafür braucht, was wir an uns und an den gesellschaftlichen Strukturen verändern müssen, damit diese Kultur entstehen kann.

Ich lade ein, an dieser Forschung teilzunehmen, mitzudenken und sie an sich selbst zu vollziehen. Ich lade alle ein, sich eine Extra-Zeit zu nehmen, in der wir uns konzentriert auf unsere Fragen besinnen und an unserer Vision arbeiten können. – Wenn man die Stelle findet, wo man am eigenen Leib und in der eigenen Biografie etwas verändern kann, was stellvertretend steht für einen Baustein in der Kulturarbeit, heilt man damit nicht nur sich selbst, sondern auch das Ganze. Heilung ist ein wechselseitiger Prozess von Individuum und Gemeinschaft. Es gibt keine losgelöste individuelle oder gesellschaftliche Heilung. Deshalb binden wir auch den Blick auf uns selbst in einen geschichtlichen, gemeinschaftlichen und Kultur schaffenden Prozess ein. Tun wir das nicht, drehen wir uns wie die meiste westliche Welt um den eigenen Bauchnabel und das eigene Bedürfnis, und damit wird eine Energie fehlgeleitet, die für die Heilung des Ganzen dringend gebraucht wird!

Die neue Kultur kann nur in dem Zusammenspiel aus einer äußeren – gesellschaftlichen/politischen – *und* einer inneren, – individuellen und spirituellen – Wandlung hervorgehen. Innen und außen müssen übereinstimmen, sonst kann sie nicht wirksam sein. Die bisherigen Kulturrevolutionen waren immer nur ein Wechsel der Fahnen, der Vorzeichen, der Ideale, der Programme. Aber sie waren gespeist aus demselben menschlichen Untergrund, aus Rache, Wut und Machtbestreben. Sie haben den Menschen nicht verändert, nicht befriedet.

Wir können im Äußeren nur soviel Frieden bewirken, wie wir im Innern und unter uns geschaffen haben. Wir brauchen die Entschlossenheit, den Krieg, den wir in unserem Kopf, mit unseren Worten und Gedanken führen, zu erkennen und zu beenden und die gebundenen Lebensenergien sinnvoll einzusetzen.

Im ersten Moment werden wir erschrecken, weil wir nicht sehen wollen, wie sehr wir beteiligt sind am weltweiten Massaker. Aber mit jeder Erfahrung des Umdenkens, mit jeder ungewohnten, bewussten und versöhnenden Handlung, mit jeder Parteinahme für die Wahrheit und das Leben wächst die Kraft und die Entschlossenheit. Plötzlich bewirke ich, was ich mir wünsche!

Die Krisengebiete in der Welt brauchen Hände und Hilfe, aber die Krisengebiete sind auch hier, hier in unserer oberflächlichen Lebensweise, im Schlagabtausch unbedachter Worte, im Sich-Nehmen, was man braucht, im Weg-Werfen, was man nicht braucht usw.

Der Moment, wo ich volle Verantwortung für mein Handeln übernehme, setzt Kraft frei.

Ich bin nicht mehr das Opfer der Umstände. Es gibt keine anderen mehr, die mich hindern. Ich ärgere mich noch über mich selbst, aber ich weiß auch sofort, wo ich weitermachen kann. Jeder Fehler ist die Chance für eine neue Erkenntnis.

Freiheit ist nicht mehr „ich mache was ich will". Sie erwächst aus der Teilnahme am Ganzen und aus der Übernahme an Verantwortung. Sie ist nicht „frei von", sondern „frei für". Sie kommt nicht aus dem verschlossenen Herzen, sondern aus der Fülle der Möglichkeiten.

Freiheit ist die Erkenntnis meiner Notwendigkeit.
(Sabine Lichtenfels)

Eine Kultur, die das Leben erhalten will, muss den Menschen heilen, indem sie ihn in die Größe führt, die seiner kosmischen Herkunft entspricht.

Dies ist die Umkehr unserer Erziehung, die wir diesmal an uns selbst vollziehen.

Das bedeutet: Loslösung von dem materialistischen, pragmatischen Machbarkeits- und Eroberungsgedanken, von Bedürfnisfixierung, Konsumismus und dem ewigen Geschrei nach einem Schuldigen, der außerhalb von uns liegt, hin zu der Übernahme von Verantwortung, Pflege, Anteilnahme, Kontakt, Öffnung, Vertrauen, Kooperation.

Aber wie soll man dahin kommen? Moralische Appelle oder fromme Vorsätze sind schnell verhallt. Es braucht Erfahrungsräume, in denen die neue Qualität geistig gesehen und im täglichen Miteinander gefunden, erprobt und umgesetzt wird. Das ist die Aufgabe von Gemeinschaften.

Wir müssen als erstes geistige und menschliche Schutzräume erzeugen, in denen wir uns öffnen und vertrauen können. Dann erfahre ich zum Beispiel, dass mir viel mehr Liebe zufliegt für die Wahrheit als für die Verstellung. Dass mein Herz sich weitet, wenn ich mehr als einen Menschen lieben und begehren darf. Und dass auch für meinen Partner gilt. Ich erkenne, dass meine Angst die Folge meiner eigenen Abschottung war. Ich erfahre, dass ich einen geistigen Standort jenseits der Eifersucht finden kann, weil mein Leben nicht mehr nur auf dem Kontakt zu einem Menschen gebaut ist. Wenn sich mein Kokon einmal geöffnet hat, und mein reflektierendes Bewusstsein diesen Moment erkennt und ihm Dauer verleiht, verstehe ich die Funktionsweise offener Systeme: mein Schutz und meine Sicherheit liegen nicht mehr in Regeln und Gesetzen, sondern im Kontakt, in der Kommunikation und im Vertrauen.

Kulturarbeit ist immer wiederkehrender Prozess aus gemeinsamer Visionsarbeit, Erfahrung und geistiger Reflektion, Anwendung und Reflektion.

Gemeinschaft heißt: andere Menschen ernst nehmen, andere Menschen „nutzen", um herauszufinden, wer wir sind. Herausfinden, wie wir gesehen werden. In einer Kultur des Vertrauens ist die Rückkoppelung der anderen ein wesentlicher Baustein der Selbsterkenntnis. Manche Qualität eines Menschen wird erst entwickelt, wenn sie von anderen gesehen und gebraucht wird.

Wenn wir die Blicke der anderen nutzen, um uns selbst zu erkennen, treten wir wieder ein in einen natürlichen Zusammenhang. Dadurch heben wir die Trennung auf, die zwischen Menschen entstanden ist. Rückkoppelung ist ein Geschenk und eine Notwendigkeit für das eigene Wachstum.

Gemeint ist natürlich die Rückkoppelung von Menschen, die selbst in Arbeit sind, auf dem Weg der eigenen spirituellen Entwicklung und Selbst-Erkenntnis. Denn ein Spiegel sollte so weit wie möglich frei sein von der eigenen Wichtigkeit, frei von Vor-Urteil oder festschreibenden Gedanken.

Ich sage das aus der Erfahrung, wie sehr wir dazu neigen, uns auf dem Weg „zum Besseren" hin zu bescheißen, vor allem, wenn wir ihn alleine gehen.

Ein Hinweis von Chögyam Trungpa dazu aus dem Buddhismus:

Das Ego ist dazu in der Lage, alles, selbst die Spiritualität, zu seinem eigenen Nutzen umzuwerten. Es versucht, die Meditationspraxis und eine meditative Lebensweise zu ergründen und zu imitieren. Wenn wir sämtliche Tricks und Antworten im spirituellen Spiel erlernt haben, suchen wir Spiritualität unbewusst nur noch nachzuäffen.

Spirituelle Wirksamkeit verlangt eine unverlogene Lebenspraxis – und wo meine Lügen sitzen, wo ich mir und anderen was vormache, wo ich den Weg meines eigentlichen Wesens verlassen habe. Das sehen die anderen mitunter viel schneller, schlicht deshalb, weil sie mit mir nicht so verwickelt sind wie ich selbst.

Buddha gelangte erst zu Einsichten, als Lücken in seiner Anstrengung auftraten. Allmählich erkannte er, dass eine geistig völlig gesunde, eine erwachte Qualität in ihm existierte, die nur beim Fehlen von jeglichem Kampf in Erscheinung trat. Deshalb gehört zu der Meditationspraxis ein völliges Loslassen, ein sich hingeben.

Ich beziehe diesen Satz sowohl auf die Hingabe an die göttliche Weisheit, als auch auf die Hingabe, die Aufgabe des Kämpfens gegenüber der Gemeinschaft der Menschen.
Diese Gemeinschaft bildet sich heraus aus denen, die sich auf den Weg des Vertrauens begeben haben.

Noch ein Zitat von Trungpa:

In der spirituellen Praxis beseitigen wir die durch das Ego hervorgerufene Verwirrung, damit wir einen kurzen Blick auf den erwachten Zustand werfen können. Das Fehlen von Unwissenheit, von innerer Bedrängnis und Paranoia eröffnet einen überwältigenden Ausblick auf das Leben. Man entdeckt eine ganz andere Art und Weise von Existenz.

Wir finden den Blick auf den erwachten Zustand in der Meditation, in der Verbindung mit unserer kosmischen Existenz, mit dem ewigen Wesen in uns.

Wir finden sie in der Stille, in der Natur, im Sex, in der Musik, in der Berührung mit Geburt und Tod. Für mich selbst ist das immer wieder eine personale Gotteserfahrung, eine Liebeserfahrung von Gegenwärtigkeit: Gegenwärtigkeit ist der Zustand ohne Zweifel, ohne Dialog, ohne Vorwurf. In der Gegenwärtigkeit erfahren wir die universelle Energie der Liebe.

In dieser Verbindung lösen wir uns von der Fixierung auf das, was im Alltag oft so dringlich scheint. Wir nehmen Verbindung auf zum Wesentlichen, das, was uns wirklich ausmacht. Es ist ein geistiges Training, das uns in die Lage bringt, auch in Konfliktsituationen im Vertrauen zu bleiben oder unsere Wut umzuformen in eine sinnvolle Handlung.

Es ist ein geistiges Training, wo wir einen inneren Beobachtungsstandort einnehmen, einen Zeugen(zu)stand, von dem aus wir auf uns und die Menschheitsgeschichte und die Situation der Erde aus einer umfassenderen Perspektive schauen. Wir bekommen einen Überblick, in dem wir uns im Zusammenhang sehen können.

Wenn wir uns erinnern an unsere Herkunft, an unseren Lebenszweck, steigt eine innere Achtung, Respekt in uns auf, der zu tun hat mit der Liebe zu etwas Größerem, etwas, das über uns als Einzelwesen hinausgeht.

Dieser größere Zusammenhang wirkt wie ein gemeinsamer Geist, wie eine höhere Autorität – nur besteht die Autorität diesmal nicht mehr aus unglaubwürdigen Erwachsenen oder einem strafenden Vatergott außerhalb von uns, sondern es ist das Heilige in und um uns.

Ich glaube, dass dieses Größere, Heilige, zum geheilten Menschen unabdingbar dazugehört. Je mehr wir uns wieder zu heiligen lernen, desto heiler werden wir wieder im Inneren. Hinter Zynismus und Sentimentalität lauert diese Sehnsucht nach dem Heiligen. Wenn wir das Heilige im anderen sehen, heilen wir ihn, weil wir ihn wieder verbinden mit seinem Ursprung. Übe, im Kontakt zu anderen das Heilige zu erblicken und zu erwecken.

Wir sind kosmische Wesen, die sich im Moment auf der Erde befinden. Wir stehen alle im Vorgang des Lernens, in einer Entwicklung, die zu einem größeren Überblick, größerem Vereintsein, größerem Bewusstsein führt.

Unser gemeinsames Ziel ist die Überwindung aller Angst erzeugenden Dinge und die Verbindung mit der großen Liebe – der individuellen und der kosmischen. Je mehr wir in einer Gemeinschaft in der Lage sind, uns in dieser Entwicklung zu unterstützen, desto solidarischer wird die Gemeinschaft, desto mächtiger wächst in ihr die Energie der Liebe und des Vertrauens. (Dieter Duhm)

Ich wünsche, dass wir die Erfahrungen hier nutzen, die Stelle zu finden, wo unser Beitrag ist im Aufbau einer neuen Kultur.

Vom inneren Wachstum zum Wirken in der Welt

(Pfingsten 2001)

Was können wir tun, um mitzuweben am Netz einer globalen Friedensbewegung? Wir haben viel darüber gehört, was wir ganz konkret dafür tun können. Ich möchte heute auf die innere Seite schauen. Aus meiner Sicht der Dinge braucht es immer eine gleichzeitige Schau von innen und außen. Zu unserer politischen Handlung, zu unserer Analyse der Zeitsituation brauchen wir im Innern ein wachsendes Wissen darüber, wer wir sind und warum die Welt so ist wie sie ist – weil alles miteinander zusammen hängt.

Der Zusammenhang zwischen der Wirkung unserer Arbeit und unserer inneren Wirklichkeit stellt sich zum Beispiel an der Frage: wenn ich mir Frieden wünsche in der Welt: Kann ich mir eigentlich Frieden vorstellen? Und: kann ich ihn fühlen?

Da kommen wir an die Stelle, wo es um unser eigenes Inneres geht, darum, was wir eigentlich mit dem Feind im eigenen Inneren tun, mit der eigenen Feindseligkeit, mit dem ganzen Krieg, der Tag für Tag in unserem Hirn und Herzen stattfindet.

Kann ich mir Frieden vorstellen auch in einer ganz aktuellen Situation des Konflikts mit Freunden, mit Liebespartnern. Weiß ich, welche Rolle ich spiele?

Je mehr wir eindringen in unsere innere Wirklichkeit, umso mehr dringen wir immer tiefer vor in die Schattenseiten unserer eigenen Seele. Und je mehr wir diese kennen, umso fähiger sind wir, den äußeren Feinden gegenüberzutreten.

Es gibt einen phantastischen Aufsatz von José Monteagudo, der heißt: „Auch ich trage den jugoslawischen Krieg in mir". Dieser Mann hat sich während des Krieges auf dem Balkan auf 30 Seiten darüber auseinandergesetzt: was habe ich mit diesem Krieg zu tun. Könnte es sein, dass meine Art zu leben und die Entscheidungen, die ich tagtäglich treffe, etwas dazu beitragen, diese Kriege aufrechtzuerhalten? Und dann beginnt er eine sehr ehrliche Reise. Er beginnt, sich die verschiedenen Parteien in diesem Krieg vorzustellen, beginnt, wie wir es alle machen würden, mit den Opfern. Er versetzt sich in die Opfer, denkt es durch, fühlt es durch, dann geht er zu den Soldaten, dann zur Nato und es wird immer schwieriger. Die nächsten, wo er es sich schon fast nicht mehr vorstellen kann, sind die Paramilitärs, und dann geht er weiter zu Milosevic. Da sagt er: ich steige aus. Das finde ich so schlimm, das kann ich mir nicht mehr vorstellen, damit habe ich nichts zu tun.

Und er geht trotzdem weiter, bis er sich Stück für Stück hineindenken kann: er schaut sich Fotos von ihm an, Fernsehinterviews, studiert das Gesicht, stellt sich vor, wie dieser Mensch aufgewachsen ist, wie er wahrscheinlich argumentieren würde, wenn man ihn einmal vertraulich fragt, warum er das tut, was er tut. Er dokumentiert dann, was er denkt, was Milosevic so gefragt sagen würde und merkt, dass er sich doch auch in ihn hineindenken kann: „Gut, ich höre zu, wie er denkt. Ich lasse ihn erzählen …: ich bin kein Verbrecher. Ich bin nicht verrückter als die Bürger, die mich gewählt haben. Die große Mehrheit von ihnen würde an meiner Stelle genau das Gleiche tun … – Ich hatte einen Tyrannen gesucht und habe den rechtmäßigen Repräsentanten eines Volkes getroffen … Ich weiß, dass dieser Mann sich betrügt, weil ich mich selber kenne, und weiß, wie ich mich tagtäglich betrüge. Ich lasse auch zu, dass bestimmte Ungerechtigkeiten geschehen, ich befehle meiner inneren Polizei, Gräueltaten in Form von Worten und harten Blicken zu begehen, aber vor allen Dingen in Form von giftigen Gedanken, die ich heimlich nähre und vor meinem heiligen Bewusstsein verstecke. Und ich tue es im Namen von Verletzungen aus der Vergangenheit, realen oder eingebildeten, die ich pflege, und die mir langsam die Seele vergiften. Der Tyrann, den ich in mir habe, bestraft mich selber äußerst hart. Er wertet mich ständig ab, behandelt mich geringschätzig und zieht sich an jedem Irrtum, den ich begehe, hoch. Er gibt mir das Gefühl, ein Sünder zu sein, und genau das verhindert, dass ich meine Fehler ernsthaft erkenne und voller Hoffnung korrigiere. Er nutzt jede Gelegenheit, um mich davon zu überzeugen, dass die Liebe nicht existiert und die Klarheit in meinem Geist nur ein Trugbild ist." So beschreibt er den Tyrannen in sich selbst.

Und die Erfahrung, die er in diesem fiktiven Gespräch macht, ist eine Erfahrung, die viele Friedensarbeiter machen, Menschen, die mit ethnischen Konflikten arbeiten oder mit Kriminellen zu tun haben: dass die meisten Täter aus ihrer Weltsicht heraus aus einem guten Gewissen handeln.

Monteagudo endet seinen Aufsatz mit der Frage: „ist es möglich, dass auch in mir ein Jesus Christus wohnt? Auf jeden Fall, ja. Dieser Christus ist unsere wahre Natur hinter allen anderen Erscheinungen. An dem Tag, an dem wir unsere Christusnatur verwirklichen, werden alle Kriege von der Welt verschwinden – mit jedem Schritt in diese Richtung beginnt die wahre Geschichte der Menschheit, eine Geschichte voll von Liebe, Überraschungen und Abenteuern, eine Geschichte von Begeisterung und Kreativität. Und damit dieser Christus sich verwirklichen kann, muss der Sack umgestülpt werden, und ans Licht purzeln Milosevic, die Paramilitärs, die Macht aus den dunklen Schatten, die Nato und das Opfer. Nur so öffnen wir der Wahrheit die Türe, der Wahrheit als stärkster Kraftquelle auf dem Weg der Transformation."

Soviel zu der Frage: was ist innere Friedensarbeit. Es lohnt sich, dem eigenen Schatten ins Angesicht zu schauen. Ich weiß aus eigener Erfahrung, dass es lange Phasen gab in meinem Leben, wo ich sie nicht sehen wollte und mich auch so verhielt, dass sie mir nicht gespiegelt werden konnten. Ich habe im Winter im Rahmen meiner Ausbildung in Tamera einmal die Frage an meine Freunde gestellt: welchen Machthaber seht ihr in mir? Ich wusste, diese Frage habe ich lange vermieden, aber jetzt wollte ich es wissen. Meinen Freunden ist dazu einiges eingefallen, und sie haben mir im Rückblick einiges erzählt, wo sie diese Machthaberin in mir gesehen haben. Und das wesentliche Erlebnis war, dass ich in dem Moment, wo es ausgesprochen war, große Erleichterung verspürte. Ich fragte mich: warum habe ich diese Frage nicht viel früher gestellt? – Denn der Moment, wo es ausgesprochen ist, ist der Beginn der Heilung.

Wenn du einen Menschen auf seine Wahrheit ansprechen kannst, bist du nicht mehr getrennt. Es ist dann auch nicht mehr schlimm, Fehler zu machen. Schlimm – schlimm im Sinne des eigenen Wohlbefindens – ist nur, Fehler zu verbergen und den anderen das Gefühl zu geben, dass sie dich besser nicht darauf ansprechen, weil das die Freundschaft gefährden könnte.

Wie arbeiten andere Menschen in der Welt? Wir finden die beschriebenen Gedanken immer wieder. Eine Basis „gewaltfreier Aktion" ist zum Beispiel: die Wahrheit im Gegner zu entdecken und somit eine gemeinsame Basis zur Konfliktlösung zu schaffen.

Scilla Elworthy arbeitete lang für Atomwaffenabbau. Sie hat einige Zeitlang demonstriert und Öffentlichkeitsarbeit gemacht und festgestellt, dass es nicht viel bewegt. Und das lag daran, dass die Entscheidungsträger über die Atomwaffen gar nie mit dem Gedankenraum der Atomwaffengegner in Berührung kommen.

Dann hat sie begonnen, Dialoge zwischen Entscheidungsträgern und Gegnern zu organisieren, also Menschengruppen, die normalerweise keinen Kontakt haben und nicht wissen, was die anderen denken. Dabei mussten sie lernen, dass es keine Verständigung geben kann, wenn wir davon ausgehen, dass wir die einzige und alleinige Wahrheit vertreten. Wir müssen bereit sein zu hören, warum der andere, in dem Fall der Waffenproduzent, so denkt, wie er denkt. „Es ist harte Arbeit an sich selbst. Wir mussten das Gefühl der Ohnmacht und Wut verwandeln in Macht. Mit Ego-Macht erreichst du nichts. Nur wenn du deinen Ego-Standpunkt verlässt, dein Gefühl, Recht zu haben, deine heimliche Anklage und Schuldverschiebung usw. kannst du dich wieder verbinden mit deiner positiven Macht (Hara-Macht)". (Scilla Elworthy)

Ein anderes Beispiel ist der Versöhnungsprozess in Südafrika. Dem lag der Gedanke zugrunde: Nicht Vergeltung, sondern Vergebung. Der Wunsch nach Vergeltung führt zu einem unerbittlichen

Zyklus von neuerlichen Vergeltungs- und Gegenvergeltungsakten. Das einzige, das diesen Zyklus durchbrechen kann, ist das Ermöglichen eines Neuanfangs, ist Vergeben. Ohne Vergeben gibt es keine Zukunft. Ihre Gerichtsprozesse bieten individuelle Amnestie im Austausch für Wahrheit: wenn ein Täter seine Tat zugibt, wird ihm vergeben.

Innere Friedensarbeit heißt: Kennen lernen der eigenen Schatten. Allein sie ans Licht zu holen, ist Heilung. Je mehr ich sie in mir kenne, umso weniger werde ich sie im Äußeren bekämpfen und verurteilen. Wenn ich im Innern entdecke, was zu tun ist, wird meine Macht und Wirksamkeit im Äußeren sprunghaft steigen. Durch das Hineinfühlen in die andere Person findet eine Erweiterung der Perspektive statt, eine Weitung meiner Anteilnahme: ein Weg zur eigenen Fähigkeit zu lieben.

Ein anderer Bereich der Friedensarbeit ist die Geschlechterliebe. Die Liebe ist ein Politikum, wenn wir lernen, sie im Kontext zu sehen.
 Durch die Kultur der sexuellen Verdrängung schmort in uns und in der Gesellschaft ein Bodensatz von Verstellung, Lüge und zurückgehaltener Lebensenergie.
 Die geschichtliche Unterdrückung der Sexualität war und ist verbunden mit Gewalt, meist Gewalt gegen Frauen. Damit verbunden ist die Ver-

achtung unserer sexuellen Natur. Ich sage das, damit wir uns bewusst werden, welches Themenspektrum wir vor uns haben, wenn Mann und Frau von Liebe sprechen. Liebe braucht viel Bewusstsein und Raum, um das historische Erbe, das jeder einzelne Liebenwollende in sich trägt, überhaupt sehen zu können. Wer ist dieser Mann oder diese Frau, wo kommt er her, wodurch ist er so geworden, wie denkt er (sie) fühlt er (sie)?

Unser Liebesbild ist ein Kulturprodukt. In unser aller Untergrund, in Träumen, Urlaubsabenteuern, Filmen, Werbung, Phantasien läuft eine Pseudowirklichkeit. Das Themenspektrum, das zwischen zwei Liebenden steht, kann jedoch nicht allein von zwei Menschen gelöst werden.

Unser Liebesbild entspricht nicht der Größe und der Kraft, die der Liebe und dem Sex innewohnen! Liebe und Eros kennen keine Grenzen. Die Liebe beginnt zwischen zwei Menschen. Und sie wird so lange zwischen zwei Menschen wachsen, wie es beide wünschen. Unter gesellschaftlichen (gemeinschaftlichen) Bedingungen, wo die sexuelle Natur bejaht ist, keine Verbote und Ängste herrschen, wird sich die Liebe nach und nach mit dem wachsenden Vertrauen und der wachsenden Herzöffnung von selbst erweitern.

Das wesentliche Problem in unserem Liebessystem ist, dass es herausgelöst wurde aus einem natürlichen Zusammenhang / Ordnung mit anderen Menschen und der Natur / Universum. Es ist ein

Fehler, der sehr viel Leiden verursacht, denn die Erwartungen, die wir aufgrund dieser Fehlkonstruktion an den Liebespartner haben, kann kein Mensch einem anderen erfüllen. Wir brauchen ein Verständnis und eine Praxis der Liebe, worin wir die Welt einschließen. Einschließen, was los ist auf der Welt und was zu tun ist. Die Liebe braucht ein spirituelles Fundament. Ohne spirituelles Fundament verwechseln wir den Liebespartner mit dem, was wir im Universum und in der Gemeinschaft verloren haben.

An einer Liebe sind immer ganz viele beteiligt. Am Gelingen der Liebe zwischen zwei Menschen ist der ganze Stamm beteiligt, sagen die Dagara. Liebe macht sehend, wenn wir die Augen für alle Beteiligten öffnen! Liebespartner zu werden ist ein spiritueller Weg und das heißt: er braucht Zeit und geistige Bemühung. Geschichtsstudium und das Gebet bzw. die Verbindung zu einer höheren Instanz und die Gemeinschaft. Statt einem Treueversprechen wird es Entscheidungen geben.

Sie könnten zum Beispiel so heißen:

Ich bin bereit, herauszufinden wer ich bin; als Mann und als Frau.

Ich bin bereit, die Verantwortung für meine Sehnsucht und ihre Erfüllung zu übernehmen.

Ich bin bereit, mich auf meine eigenen Füße zu stellen und mir eine Quelle zu schaffen, die mich nährt – außerhalb der Liebe zu einem Menschen.

Ich bin bereit, mich in Vertrauen zu üben.

Ich werde da, wo ich misstraue und zweifle, in meinen Tempel zurückkehren und meine Seele reinigen, bevor ich dem Partner bzw. der Partnerin gegenüber trete.

Ich bin bereit, so zu lieben, dass auch andere, die ihn oder mich lieben, die ich liebe oder er liebt, darin Platz haben.

Jede Begegnung, jeder Wunsch nach einer Begegnung und jede Nichterfüllung ist eine Forschungsreise, an der ich lernen kann, egal wie sie aussieht. Nach einer schönen Begegnung danke ich, und die Energie zwischen uns wird frei. Nach einer missglückten fühle ich in mich hinein, um herauszufinden, an welcher Stelle ich hätte anders handeln können. Ich sorge dafür, dass ein Umfeld um mich entsteht, ein Freundeskreis, eine Gemeinschaft, die meine Suche und die Wahrheit in der Liebe unterstützen. Tatsächlich dehnt sich die Liebeskraft immer mehr aus. Wenn ich einmal begonnen habe, sie über den einen hinaus wachsen zu lassen, alle Beteiligten einzubeziehen, mich in den anderen hineinzudenken, seine Perspektive, seine Geschichte zu verstehen, wächst eine tiefere Annahme des Menschen, der hinter der äußeren Erscheinung, der Macke und der Projektion ist.

Ich komme zum Schluss zur Frage der globalen Wirksamkeit. Hat innere Friedensarbeit eine Wirkung über mich hinaus? Es braucht ein tiefes Nachdenken, wo und wie es gehen könnte, Hoffnung zu haben, zu glauben, dass Veränderung möglich ist. Und wenn wir tief darüber nachdenken, kommen wir auch an den Punkt, wo die Veränderung nicht stattfinden kann, wenn sie uns selbst nicht einschließt. Es gehört mit zur Entwicklung der eigenen Friedenskraft, an der eigenen Hoffnung und Vision zu arbeiten. Vision ist ein innerlich gefühltes und empfundenes Bild davon, wie wir leben wollen, was wir erreichen wollen. Wenn diese Vision in uns ist, trägt sie uns, es gibt einen Sog, der von vorne zieht.

Dieter Duhm hat sich die Frage „Gibt es globale Heilung?" konsequent gestellt: und über lange Jahre eine politische Theorie entwickelt, in der er Erfahrungen und spirituelle und wissenschaftliche Studien zusammenfasst. Es ist ein ganzheitliches Heilungskonzept für die Erde, beschrieben in dem Buch „Die heilige Matrix". Sie beschreibt den Plan der Heilungsbiotope. Heilungsbiotope sind Plätze, in denen versucht wird, das Prinzip des Vertrauens im zwischenmenschlichen Bereich, im Bereich von Liebe und Sexualität, in der Kooperation mit Pflanzen und Tieren, in sanfter Technologie und lebensgemäßer Architektur mit dem Grundgedanken umzusetzen, dass durch mehrere solcher Zentren eine Heilungsinformation in den Informationskörper der Biosphäre eingehen kann, der dem Ganzen eine neue Richtung ermöglicht.

Hier sind Kernsätze zur Friedensarbeit und der Politischen Theorie von Dieter Duhm:

> Du kannst im Äußeren nur soviel Frieden bewirken, wie du in dir selbst verwirklicht hast.

Der innere Friede entsteht durch Geborgenheit und Verbundenheit mit etwas Größerem: Verbundenheit mit dem Leben, mit der Gemeinschaft, mit dem Universum, mit der Divinität (Göttlichkeit).

Wenn es gelingt, die globale Kette von Angst und Gewalt auch nur an einer Stelle ganz zu durchbrechen, dann verliert die gesamte Kette ihre Stabilität. Es besteht eine hohe Wahrscheinlichkeit, dass sie auch an anderen Stellen reißt. Dann geschieht es, dass unerwartete Liebe eintritt, wo bisher Feindschaft war.

Wenn es dir gelingt, an einer einzigen Stelle deines Lebens die alte Reaktion von Angst oder Hass durch eine Handlung des Friedens zu ersetzen, dann hast du eine exemplarische Drehung vollzogen, die eine Feldwirkung auf andere Menschen hat.

Durch jeden Gedanken und jede Handlung wird eine Grundinformation in den Äther geschickt. Wenn sie in Resonanz steht mit der Matrix des Lebens, dann wirkt sie in allen Dingen.

Es kommt darauf an, eine umfassende Friedensinformation aufzubauen, die übereinstimmt mit den Grundgesetzen des heiligen Lebens. Sie wirkt, wenn sie deutlich und widerspruchsfrei ist, an allen Punkten der Erde.

Um eine solche komplexe, eindeutige und realistische Friedensinformation aufzubauen, brauchen wir eigene soziale und ökologische Räume, wo sie entwickelt werden kann: solche Räume nennen wir Heilungsbiotope.

Ich sehe eine wesentliche Aufgabe unseres Platzes darin, Erfahrungen zu ermöglichen, die Hoffnung und Visionen erzeugen. Je mehr Menschen in sich ein Bild von einer menschlichen Kultur tragen, umso leichter wird es, sie an den verschiedensten Orten zu verwirklichen. Möge jeder den Platz finden, wo er seinen Beitrag leisten kann für das Gelingen. Danke.

Freiheit ist da, wo du liebst

(Sommer 2004)

Ich möchte über einen Kernbereich dieses Platzes sprechen, über die Kulturarbeit an der Liebe, die in unserer Forschung für ein gewaltfreies Zusammenleben eine wesentliche Rolle spielt.

Mein Anliegen ist es, den großen Gedanken aufzuzeichnen, dem wir folgen, wenn wir die Liebe und Sexualität von Angst, Kampf und Verstellung befreien wollen. Das ist eine Arbeit, die wir an uns und unseren Liebespartnern vollziehen müssen, und die aber auch weit über zwei Menschen hinausgeht.

Denn die Art wie wir lieben, ist nicht einfach eine individuelle Haltung, sondern ist geprägt von der Kultur und Geschichte, aus der wir kommen. Deshalb ist Heilungsarbeit in der Liebe verbunden mit der Aufarbeitung der Geschichte. Und sie ist verbunden mit der Aufarbeitung und Transformation der Gesellschaftsformen, wo ein Geschlecht das andere beherrsche.

Diese Art von Heilungsarbeit nennen wir Kulturarbeit, durch die wir Schritt für Schritt eine neue Kultur erschaffen: neue Umgangsformen, Denk- und Handlungsmöglichkeiten und konkrete Lebensformen, durch die wir die Liebe, die seelische wie die sinnliche und sexuelle Liebe im tiefsten bejahen und als Quellen unseres Lebens achten.

Es geht mir dabei im Folgenden weniger um die Frage, *wie* wir das hier leben, sondern um den geistigen Zusammenhang dieses Themas. Wir brauchen immer wieder den Anschluss an Gedanken, unabhängig von dem, was wir alles schon verwirklicht haben. Entwicklung im eigenen Leben und in einer Kultur kann nur geschehen, wenn wir wissen, *wohin* wir uns entwickeln wollen, wenn wir das Ziel, die Vision, denken und vorausfühlen können. Es kann auch eine Erinnerung sein, die in uns schlummert, die wir wieder wachrufen - also eine Zusammenkunft von Visionsarbeit, Erinnerung und realer Erfahrung. Das sind auch die Grundelemente unserer Tagungen. Bei vielen ist die Erfahrung, die sie hier machen, noch nicht die Wirklichkeit, die sie jeden Tag leben können, auch bei uns selbst nicht. Aber wir werden nicht dahin kommen, wenn wir die gewünschte Realität nicht immer wieder vorwegnehmen.

Geistige Lebensführung ist ein Prädikat dieses Platzes. Und geistige Arbeit meint, dass ich Abstand nehme von mir selbst, um mich im größeren Ganzen zu sehen. Etwas zur Kenntnis nehmen, etwas verstehen wollen, selbst wenn ich es noch nicht anwenden kann. Zum Beispiel ist geistige Arbeit: sich damit zu beschäftigen, was die Liebe braucht, um lebendig zu bleiben, auch wenn die Konsequenz, die es für mich haben könnte, mir noch Angst macht. Ich muss nichts tun, solange es mir Angst macht, aber ich kann durch eine geistige Lebensführung meine Angst verlieren.

Wenn jemand sich in diesem Prozess des Verstehen-Wollens befindet, dann habe ich als Liebespartner Geduld. Ich weiß, er ist dabei und braucht Zeit. Das geht mir ja selbst auch so. Ich brauche auch mit mir selbst Geduld. Die Häutungen, die wir als Liebende durchlaufen, brauchen viel Zeit. Und wir nutzen die geistige Perspektive, um uns diese zu schaffen.

Kulturarbeit der Liebe

Damit die Liebe gelingt, braucht sie ein geistiges und spirituelles Fundament. Und sie braucht ein soziales Umfeld, welches der Liebe förderlich ist. Denn ein wesentlicher Grund für die Problematik der Liebessituation in der heutigen Zeit ist die Tatsache, dass wir heute fast all unsere Sehnsucht nach Sinn, Einbindung, Zugehörigkeit und Entgrenzung auf die Liebe richten. Früher war der Mensch selbstverständlich in einen größeren Zusammenhang eingebunden, in die Natur, in ein Stammesleben oder Großfamilien eingebunden. Das alles haben wir heute fast nicht mehr. Wir heute sind in einer Situation gelandet, wo wir fast ganz auf uns gestellt sind als Einzelwesen. Und das ist eine Entwicklung, die noch zunimmt.

Es gab für diese Entwicklung auch gute Gründe. Wir mussten uns ja auch befreien von dem, was Religion oder die Großfamilie war. Das waren – zumindest in der patriarchalen Menschheitsgeschichte – meist Systeme, die den Menschen verkleinert und entmündigt haben.

Die Individualisierung war also eine Befreiung, eine Bestärkung des Menschen in seiner individuellen Kraft und Bedeutung. Wir haben dabei etwas ganz wesentliches verloren, nämlich die Einbindung in das große Ganze und in menschliche Gemeinschaft.

Die notwendige Entwicklung unserer Lebensformen heute ist deshalb, Gemeinschaftsformen zu erschaffen auf der Basis von selbstverantwortlichen und freien Individuen, wo also der Widerspruch von Individuum und Gemeinschaft aufgehoben ist.

Das ist gemeint mit dem großen „Abenteuer Gemeinschaft", von dem wir hier oft sprechen.

Aber zurück zum Thema: Wir richten unsere Hoffnung auf Sinn, Erfüllung und Gemeinsamkeit auf die Liebe zu einem Menschen (wenigstens die, die das Abenteuer der Liebe überhaupt noch wagen). In die Liebe zu dem einen Menschen, der zu mir gehört.

Es ist das Ideal der romantischen Liebe, die darauf hinzielt, den richtigen Partner zu finden, mit dem man das Leben teilen möchte. Wenn wir denken, ihn gefunden zu haben, erleben wir ja auch tatsächlich ein unglaubliches Glück, das Leben verändert sich schlagartig, alles bekommt ein Leuchten und den Glanz der gemeinsamen Freude ...

Aber fast zeitgleich mit diesem Glück schleicht sich immer auch die Angst mit ein, es wieder zu verlieren.

Und an dieser Stelle geht es darum, eine neue Information in uns und um uns herum zu schaffen. Und zwar eine, die nicht auf Verboten und Ausgrenzung basiert, sondern auf Kontakt, Wissen und Vertrauen.

Dies ist sowohl eine geistige Transformationsarbeit an der eigenen Innenwelt, an unseren Gefühlen und Anhaftungen, als auch ein gemeinschaftlicher: wir müssen uns ein soziales Umfeld schaffen, das uns als Liebende nährt.

Mir gefällt ein Gedanke von Osho in diesem Zusammenhang:

„Romantische Ideen sind gefährlich. Sie sind ein Teil der neurotischen Gesellschaft. Eine lieblose Gesellschaft malt Bilder von der romantischen Liebe. Es ist ein Teil des Spiels: Erst mache die Leute lieblos, und dann gib ihnen Ideale, die sie nicht erfüllen können. So werden sie immer in der Luft hängen. Ohne Liebe leiden sie und mit Liebe auch – nur das Leiden ist sicher. Ein Mensch mit Bewusstsein wird sein Alleinsein genießen, wenn er keine Liebe bekommt; und

wenn Liebe da ist, wird er sich an seinen Beziehungen freuen. Er genießt alles."

Ich möchte hier aber nicht grundsätzlich gegen romantische Gefühle sprechen. Romantische Gefühle sind immer wieder mal etwas Wunderbares, vor allem, wenn keine Angst mehr in ihnen ist.

Freiheit ist dort, wo du liebst

Ein anderer Satz von Osho führt uns zu dem Thema der Freiheit:

Sieh den andern nie als selbstverständlich an und mische dich nie in die Freiheit des anderen ein. Und der Weg dazu ist, nicht vom anderen abhängig zu werden. Denn sich vom andern abhängig zu machen, ist ein subtiles Mittel der Herrschaft

Freiheit ist der Humus der Liebe, vor allem der erotischen. Eros ist eine anarchische Kraft, die nur lebendig ist, wenn sie sich bewegen kann, kommen und gehen kann, wie sie will. Die Art und Weise, wie wir mit Schutzverträgen und Treueversprechen versucht haben, unsere Verlustangst zu bewältigen, ist meist ein Gegenspieler zu dieser erneuernden Kraft.

Um nicht abhängig zu werden von einem Menschen, liegt es auf der Hand, sich die menschliche Vielfalt einer Gemeinschaft zu schaffen. Um die Freiheit des anderen voll zu akzeptieren und keine

Erpressungen an meinem inneren Altar der Liebe zuzulassen, brauche ich aber auch eine Entscheidung, die ich aus dem Wissen heraus treffen kann, dass ich es für die Wahrheit in der Liebe tun muss.

Letztlich ist die Wahrheit in der Liebe eine vielfach größere „Sicherheit" als Versprechungen, die nicht aus der Freiheit beider Beteiligten rühren.

Jedes Verbot oder unter Druck gewonnene Versprechen nehmen ein Stück von der Lebendigkeit und Kraft der Liebe, und zudem bringen sie das Herz nicht wirklich zur Ruhe.

Wirklich zur Ruhe komme ich erst, wenn ich die Freiheit meines Partners in vollem Umfang akzeptiere und lerne das zu lieben, was er in seinem Wesen ist.

Aber das ist für uns kulturgeschichtlich eine sehr neue und ungewohnte Handlungsweise. Wir haben gelernt, uns die Dinge habhaft zu machen, sie zu besitzen und festzuhalten, um uns sicher zu sein. Die Lebendigkeit ist eine riesige Herausforderung: Sich dem LEBEN zu stellen, verändert das Leben von Grund auf.

Zu lernen ist nicht mehr: besser und schneller zu sein, sondern sich zu trauen, zu vertrauen und sich hineinzufügen in die Bewegungen der lebendigen Kraft.

Die Freiheit in der Liebe bezieht sich aber auch auf die andere Seite: Die Freiheit, die aus der Liebe kommt, will nicht nur die eigene Freiheit, sondern auch die des anderen. Sie will nicht einfach die Freiheit, das zu tun, was ich will, was mir gut tut, sondern auch die Freiheit dessen, was ich liebe.

Das Geheimrezept von Otto Rehagel für den Erfolg der griechischen Fußballmannschaft war: *„Jeder tut nicht was er will, sondern was er kann"*. Das zeigt einen ähnlichen Gedanken: Es ist meine Freiheit, mich zu verpflichten, für den andern da zu sein, ihn verstehen zu wollen, eine gemeinsame Entscheidung zu finden. Ich trete zurück vor dem, was ich liebe oder was mich begeistert. Und dabei verliere ich nichts, bzw. ich verliere etwas, das mich aber erleichtert: Ich verliere meine Wichtigkeit.

Das hat nichts zu tun mit Selbstaufopferung oder hausmütterlichem Verzicht. Es ist vielmehr die tiefer liegende verändernde Kraft der Liebe: dass sie uns von unserer Bedürftigkeit befreit und sich verschenken will. Sie will für das Geliebte da sein.

Die Freiheit von meiner Wichtigkeit, damit meine ich meine Selbstbezogenheit, ist vielleicht die größte Freiheit, die ich auf Erden finden kann.

Wir lieben lange Zeit auf kindliche Weise, wobei sich die ganze Welt scheinbar um uns dreht, machen uns also von äußeren Bedingungen abhängig. Wir wünschen uns bestimmte Männer- oder Frauentypen, den idealen Partner oder die Partnerin, wollen geliebt werden etc …

Diese Art der Liebe überlebt vielleicht gerade noch die Phase der Verliebtheit, wo wir vor allem das Schöne am anderen sehen, oft aber nur das auf ihn projizieren, was wir in ihm sehen wollen.

Die gereifte Liebe genießt die Projektionsmöglichkeiten, die sich bieten, sie gehören zum Spiel des Lebens, aber sie schaut dahinter und ist so bei sich selbst, dass sie die Liebe nicht zurückzieht, wenn der andere sich anders verhält als „gewünscht".

Partnerschaft entsteht, wenn man einen anderen Menschen tief gesehen hat und sich entscheidet, ihm treu zu sein. Die Entscheidung trifft man selbst, sie ist fast unabhängig vom anderen.

Partnerschaft braucht viel weniger den idealen Partner als vielmehr die Entwicklung meiner eigenen Partnerschaftsfähigkeit.

Dazu passt ein Treuegelübde, das wir bei Safi Nidiaye gefunden haben:

Wohin du auch wächst, dorthin will ich mein Herz weiten. Wie tief auch dein Schmerz sei, ich will ihn fühlen. Wie hoch auch deine Sehnsucht reicht, ich lasse dich ihr folgen. Neigt dein Herz sich einem anderen zu, so will ich deine Liebe teilen; strebt meines nach einem anderen, so will ich doch niemals dich aus meinem Herzen verbannen. Ich strebe nach Wahrheit und weiß uns in der Wahrheit vereint; so bitte ich dich, meinen Weg gehen zu dürfen, wohin er auch führt, mit deinem Segen: und deinen Weg zu gehen, wohin er auch führt; meine Liebe begleitet dich. Wahrheit ist die einzige Nahrung, die unsere Liebe nährt.

Trotzdem kann ich nicht alles lieben. Die Liebe kennt das Ja und das Nein. Da wo ich liebe, sage ich auch nicht ja zu allem, was der andere tut. Ich sage ja zum anderen wie er ist in seinem Wesen. Trotzdem ist die Liebe unabhängig von dem, was er tut: Ich liebe nicht, was du tust, aber ich liebe dich. Und ich bitte dich, höre auf, das zu tun.

Reife erreicht ein Mensch, wenn er ein mütterliches und ein väterliches Gewissen hat. Mütterlich: „Es gibt keine Missetat, die dich meiner Liebe, meiner guten Wünsche für dein Leben und dein Glück berauben könnte." Väterlich: „Wenn Du Unrecht tust, musst die Folgen tragen; vor allem aber musst du dein Verhalten ändern." (Hellinger)

Geschichtliche Situation der Geschlechterliebe

Die Geschlechterliebe ist die existentiellste von allen, weil sie mit der sinnlichen, erotischen und sexuellen Liebe zusammen geht. Da diese so starke seelische und körperliche Zustände hervorruft, die jeden Menschen in Bann ziehen, uns Beben, Hoffen oder Resignieren lassen. Es ist eine Aufgabe, diese Kraft ans Licht zu holen und zu verstehen.

Das beginnt mit dem Begreifen, was ist. Wir befinden uns in einer Konfliktsituation der Geschlechter, einem geschichtlichen Kampf. Wir leben seit langem in einer Kultur, in der ein Geschlecht das andere unterdrückte. Die heutige patriarchale Epoche ist geprägt von einem Kampf gegen das Lebendige, das Eigenständige, gegen das Sexuelle. Es ist eine Epoche der Trennung, der Trennung von Mann und Frau und der Trennung des Menschen von Natur und Schöpfung.

Wir müssen die Geschichte in ihrer vollen Bandbreite zur Kenntnis nehmen, wenn wir verstehen wollen, was heute noch zwischen den Geschlechtern geschieht. Ich empfehle dazu das Buch „Die heilige Matrix" von Dieter Duhm zu lesen.

Kein Paar kann die Folgen dessen, was dem Eros in der Geschichte angetan wurde, zu zweit auf Dauer heilen. In jedem einzelnen wirkt das geschichtliche Verbot, die Scham, Schuld und Schande bis hinein in unser körperliches Empfinden, ob wir davon wissen oder nicht. Es ist deshalb eine große Herausforderung, sich der Wahrheit der Situation zu stellen. Wenn wir bereit sind, auf das kleine Glück zu verzichten, und uns dem stellen, was an Unverständnis zwischen uns ist, ist der erste Schritt zur Heilung getan.

In Räumen großer geistiger und sozialer Weite kann ich dem Mann gegenüberstehen, sehen, wie weit wir entfernt sind, uns wirklich zu verstehen. Wenn wir gleichzeitig zugeben können, wie sehr wir einander brauchen, trotz allem Unvermögen zueinander wollen und uns das Unvermögen nicht persönlich anrechen – dann ist der erste Schritt zur Partnerschaft von Mann und Frau getan.

Der Eros ist die schöpferische Antriebskraft des Universums. Treibstoff alles Lebendigen, das nach eigenen Gesetzen handelt. So gibt es auch eine ursprüngliche oder geheilte Sexualität, von der Dieter Duhm spricht: „Sexualität liegt allen Bereichen der menschlichen Existenz zugrunde, und durchzieht die ganze Gesellschaft wie ein unsichtbares Nervengewebe … – Würden wir das Leibliche lieben, würden wir nichts Leibliches mehr zerstören. Sexualität ist die Seelenkraft in der Welt, die alles Leibliche zusammenhält."

Ein Teil der Heilungsarbeit liegt im körperlichen, vielleicht auch therapeutischen Bereich. Der wesentlichste aber liegt im Aufbau von geistigen und sozialen Strukturen, wo Frauen und Männer sich verständigen, sich zuhören, ihre Wesen, Wünsche,

Körper kennen lernen und eine Kultur erschaffen, in der alles Leibliche, Sinnliche, Sexuelle, wo das LEBENDIGE sich frei bewegen kann und Freude hervorruft. Wo wir den „Gesetzen" der Liebe folgen können, frei von Angst.
Diese Heilung ist begleitet von einem Wechsel von der Dominanzkultur zu einer Kultur der Partnerschaft. Liebe braucht gleichstarke Pole. Liebe braucht Kontakt. Kontakt ist dort, wo freie Menschen sich gegenüberstehen.

Was ist freie Liebe?

Freie Liebe heißt in diesem großen Sinn: der eigenen Wahrheit folgen zu können. Und wenn ich damit beginne, ist es gut zu wissen, dass dieser Weg einige Jahre dauern wird. Weil ich zunächst mal zu meiner biografischen Wahrheit finden muss. Nach all dem, was ich in meinem Leben erfahren habe, was mir erzählt wurde, muss ich mich in die Lage bringen, meine Prägungen und Ängste zu sehen, und meine daraus resultierenden Glaubenssätze zu erkennen und zu verändern.

Meine Wahrheit liegt ja tiefer. Sie mag zwar im Moment heißen: ich habe Angst, ihn zu verlieren, wenn er sich einer anderen zuwendet; das ist auch eine Wahrheit, der ich im Moment Rechnung tragen muss. Aber diese Wahrheit ist nicht mein Wesen. Es ist vielmehr meine Programmierung, und jede menschliche und spirituelle Entwicklung ist das Durchdringen der Programmierung hin zum eigenen Wesen. Das Ablegen der Ängste und Abhängigkeiten. Es dauert also eine Weile, bis ich zu meiner eigenen Wahrheit durchdringe bis dahin, wo mein eigener Kern ist. – Es gibt Augenblicke, die mich darauf hinweisen, z.B. Momente der großen Liebe, der Berührung, des Vertrauens, wo ich sehen kann: so fühlt es sich an, so ist es gedacht.

Dann komme ich zu der geschichtlichen Wahrheit, wo ich ahne, was alles an geschichtlichen Einflüssen hineinwirkt in meine Scham, in mein Verlangen, in mein Liebesideal. Das häufig getrennte Fühlen von Lust und Liebe ist eine Folge der geschichtlichen Unterdrückung der Sexualität. – Die Heilung der sinnlichen Liebe ist also auch eine Heilung der geschichtlichen Programmierungen in uns.

Freie Liebe ist eine von Ängsten und Verstellungen freie Liebe. Freie Liebe ist ein Wort völlig jenseits von Polygamie, Monogamie und irgendwelchen Formen. Es ist eine *Daseinsweise* der Wiederverbindung des Menschen mit dem Menschen und des Menschen mit den Grundkräften unserer umfassenden Existenz. In dieser Wiederverbindung verstummt die Zerstörungswut des Menschen, denn all dem Kämpfen und ‚sich bekriegen' liegt im Tiefsten ein verzweifelter Wunsch nach Entgrenzung, Erweiterung, VERBINDUNG zugrunde, der keine Antwort fand.

Deshalb hat die Liebe, die Sexualität und Verständigung der Geschlechter eine hohe Bedeutung in der politischen Arbeit, im Aufbau von menschlichen Strukturen. Solange in der Liebe Krieg ist, kann es keinen Frieden auf der Erde geben.

Gemeinschaft – Netzwerk

Um Veränderung zu ermöglichen, sollte geistige und menschliche Weite erzeugt werden, damit wir Zeit und Raum haben, die Schichten in uns zu durchschreiten. Wir brauchen Strukturen, wo es möglich ist, der eigenen Wahrheit zu folgen bzw. sie nach und nach herauszufinden.

Diese Weite schafft den Raum, in dem wir dem Starkstrom der personalen Liebe folgen können, ohne die üblichen Verwicklungen, Dramen, Ängste oder Erpressungen.

Nach einer Weile werden wir uns nicht mehr so sehr verbiegen oder lügen müssen, um anderen unsere Liebe zu zeigen. Wir müssen auch nicht aus Angst oder Unwissenheit ständig den Partner wechseln, genauso wenig wie wir aus Angst und Unwissenheit die Liebe zu dritten zurückhalten.

Unser Liebesleben durchläuft verschiedene Phasen und wir brauchen sinnvolle Liebesbilder, um diesen Phasen gerecht zu werden.

Mal brauchen wir Ruhe und Schutz für eine neue Liebe. Um einen Partner neu zu entdecken, lassen wir uns gerne in das unsichere Fahrwasser der Verliebtheit fallen, wo alles durcheinander kommt. Da ist es gut, Freunde zu haben, die einen sicheren Hafen und Orientierung bieten.

Dann wieder interessiert uns gerade die Verschiedenheit der Männer und Frauen, und wir haben den Wunsch, sie sexuell zu entdecken und zu genießen und uns selbst in unseren verschiedenen Aspekten zu erleben.

Es gibt aber auch Zeiten, wo wir uns auf unsere spirituelle Anbindung, die Heilung oder den Beruf konzentrieren und jeder Mann, jede Frau uns nur davon ablenkt.

Viele von uns werden Mutter oder Vater und fragen sich, ob das erotische Leben jetzt zu Ende ist, weil dieser neue Mensch alle Kräfte absorbiert – oder wir entdecken in der Mütterlichkeit oder Väterlichkeit eine neue Form des erotischen Daseins.

Später werden wir hoffentlich alle reife Frauen und Männer, die mit versammelter Lebenserfahrung in ihrem Leib erfahren, dass der Sex von Jahr zu Jahr schöner wird.

Sinnvolle Liebesbilder sind für mich solche, wo die Verschiedenheit der Phasen in der Entwicklung eines Menschen, die jeweilige Wahrheit, gelebt werden kann, ohne sich trennen zu müssen.

Der Übergang von einer Phase in die andere kann häufig dazu führen, dass man glaubt, man müsse den anderen verlassen. Wo das von beiden gewünscht ist, weil beide in eine verschiedene Entwicklung eintreten, kann Trennung auch manchmal sinnvoll sein. Eine Beziehung ist dazu da, das Leuchten des anderen hervorzubringen. Wenn die Beziehung kein Leuchten mehr hervorbringt, kann es sein, dass man sich verabschieden muss. Aber im Tiefsten will niemand da, wo er liebt, verlassen. Liebe hört nicht einfach auf. Und wie oft trennen wir uns aus Unwissenheit und einer mangelnden Einbindung in etwas Größeres!

Unser Anliegen ist es also, ein Gefäß für Liebende zu schaffen, in denen diese verschiedenen Phasen oder Bilder integriert werden können. Wo Wahrheit gelebt werden kann, man aber nicht verlassen muss, selbst wenn die Wahrheit im Moment nicht zu der Wahrheit des Geliebten passt. Wo eine Verbindung bleiben kann, auch wenn sich die Beziehung ändert.

Wir haben dafür Gemeinschaft und Spiritualität. Wir versuchen, eine Gemeinschaft von sozialer und geistiger Weite zu schaffen und die Kommunikation über die Liebe zu pflegen. Und wir versuchen, andere darin zu unterstützen, dasselbe zu tun. Männer sollen sich unter Männern beheimaten können und Frauen unter Frauen. Es wird der Versuch unternommen, die grundsätzliche Beschaffenheit der sexuellen Liebe in allgemeingültiger Weise zu erforschen. Wir versuchen uns gegenseitig Herausforderung zu sein für das eigene Wachstum.

Die Kinder sollen eine gemeinsame Begleitung durch die Erwachsenen erfahren, damit sie von Anfang an einen weiten sozialen Raum haben, wo sie neben der Heimat bei den Eltern Heimat unter Kindern und in Gemeinschaft haben. Die Pflege sollte von vielen getragen und Orientierung von vielen gegeben werden. Kinder gehören nicht in einen Machtbereich. Kinder können leicht viele Menschen lieben.

Eine solche Gemeinschaft oder der Geist einer solchen kann nur geschaffen werden, wenn wir uns als einzelne dazu entscheiden. Für jeden von uns ist es bequemer, der Angst zu folgen und Sicherheit im Äußeren einzufordern.

Unsere Zeit braucht aber eine umfassende Heilung der sinnlichen Liebe. Unsere Heilung geschieht oft von selbst, wenn wir uns an der Heilung des Ganzen beteiligen.

Zum Abschluss ein Zitat von Dieter Duhm aus dem Buch „Der unerlöste Eros":

Der Mensch wird so lange seine Mitgeschöpfe vernichten, Kinder bevormunden, Andersgläubige verbrennen und seinen Hass an der Natur austoben, solange er im Inneren keinen Frieden findet. Und er wird im Innern keinen Frieden finden, solange er die Liebe vergewaltigt. Er vergewaltigt sie durch seine falsche Moral, die Dauerlüge und Verstellung, durch ein antiquiertes Bild der Liebe, einen viel zu engen Begriff der Treue, und er vergewaltigt sie durch seine ganze gesellschaftliche Organisation, die nicht an der Liebe orientiert ist, sondern an Macht und Profit.

Wenn es heute einen Übergang gibt von der alten Zeit der Gewalt zu einer neuen Epoche struktureller Gewaltlosigkeit, dann liegt der in einem tief greifenden Wechsel unserer Prioritäten. Dieselbe Liebe und Aufmerksamkeit, dieselbe Gewissenhaftigkeit und Zuverlässigkeit, dieselbe Herzenskraft und Intelligenz, welche der Mensch bisher entwickelt hat, um sich gegenseitig zu vernichten, muss er jetzt entwickeln für die Fragen des Friedens und der sinnlichen und sexuellen Liebe.

Utopie der Geschlechterliebe

(Pfingsten 2005)

Meine Utopie der Liebe: Liebe als natürlicher Daseinszustand

In meinem Verständnis ist eine Utopie ein Idealbild, das sich aus Vision oder Erinnerung zusammensetzt. Es schlummert in unseren Zellen als Sehnsucht oder Hoffnung. Es erinnert uns an das, was wir zu träumen wagen, wenn wir frei sind von alltäglichen Sachzwängen und gewohnheitsmäßigen Zweifeln. Utopie ist Erinnerung an unseren Lebenstraum. Der Traum, der genauso wahr ist wie die Wirklichkeit. Oder wahrer vielleicht?

Meine Utopie der Liebe ist eine Kultur der Partnerschaft. Damit meine ich nicht zuerst eine Beziehungsform, sondern eine partnerschaftliche Art und Weise, wie Menschen untereinander und mit anderen Lebewesen und der Erde umgehen. Und wie Frauen und Männer in der Gesellschaftsgestaltung zusammenwirken: eine partnerschaftliche Kooperation und Ergänzung. Eine Balance von weiblichen und männlichen Werten und Qualitäten im Zusammenleben. (Jede Frau und jeder Mann hat in sich beides, weibliche und männliche Qualitäten). Jeder einzelne hat auch die Aufgabe, die weiblichen und männlichen Anteile in sich selbst in Balance zu bringen, damit eine Kultur der Partnerschaft möglich wird.

Wir kommen aus einer Dominanzkultur, in der ein Geschlecht über das andere, eine Rasse über andere, eine Religion über andere Macht ausübt oder auszuüben versucht. Die Transformation einer Dominanzkultur in eine Kultur der Partnerschaft will auf sehr vielen Ebenen erarbeitet werden, auf persönlicher, geistiger, gemeinschaftlicher, politischer, wirtschaftlicher und globaler Ebene. Und das Verhältnis der Geschlechter ist einer der Brennpunkte, an dem sich unsere innere Fähigkeit zu Partnerschaft entscheidet. Die sinnliche Liebe ist ein zentraler Lebensmotor des Menschen. Deshalb hat auch das Liebesideal, dem wir folgen, eine zentrale Auswirkung auf die Friedensbereitschaft unserer Kultur.

Um mehr von der Utopie zu vermitteln, möchte ich mehr in Bildern sprechen.

Die Bilder, die mir dazu als erstes kommen, sind Bilder von einfachem Leben, von Naturverbundenheit, weiter Landschaft, Sonne, Wasser und Wärme. Einige Gemälde von Gaugin fangen diesen Klang malerisch ein.

Es kommen Bilder von Kindern, die in kleinen Banden durch die Wälder ziehen.

Mit diesen Bildern verbinde ich eine Art zu leben, in der die Liebe gar kein besonderes Thema ist: die Menschen sind in der Welt, in der Natur, in ihrem Stamm und bei sich, in ihrem Körper zuhause – und die Liebe fließt selbstverständlich, weil sie in den Menschen wohnt.

Die Menschen sind verbunden mit den Zyklen der Natur. In der Naturverbundenheit drückt sich die Achtung und Pflege alles Lebendigen aus. Daraus wächst auch einen positives Verhältnis zum Körper und zur Sexualität: Das Weibliche als das gebärende, lebensschenkende Prinzip wird ebenso geehrt wie das männliche, zeugende Prinzip. Es gibt eine Balance, eine Ausgewogenheit von weiblichen und männlichen Energien und Werten in der Gesellschaftsordnung. Frauen und Männer haben gleichgewichtige Stimmen im Zusammenleben.

Ich stelle mir vor, dass dieser Grundzustand der Eingebundenheit ein Grundzustand der Liebe ist, und wenn ich aus diesem Grundzustand heraus einen Mann oder eine Frau liebe, ist dieses Geschehen Teil eines zugehörigen Lebensgefühls und Lebenszusammenhangs. Viele Freunde nehmen daran Anteil, es wird darüber gesprochen, gefragt, sich mit gefreut…

Die Menschen sind berührbar, sie sagen, was sie denken, zeigen, was sie fühlen. So natürlich, wie die Menschen ihre Gefühle zeigen, so natürlich ist auch ihr körperliches und sinnliches Selbstbewusstsein.

Die Menschen sind in Kontakt mit der Erde, Tieren und Pflanzen wie mit ihrem eigenem Leib, den sie mit schönen Tüchern oder Kleidern schmücken. Da ist Freude an Bewegung, an Begegnung, Tanz und Flirt, am Spiel, am sich Necken genauso wie an Freundschaft und am Füreinanderdasein. Wer mit der Natur lebt, lebt auch selbstverständlich in der Balance von Geben und Nehmen mit Menschen. Es ist keine Frage, dass man andere Menschen braucht und für andere Menschen da ist.

Wenn ein Mann und eine Frau sich lieben, sind sie von diesem menschlichen Netz umgeben. Sie sind also frei für die Liebe, dafür, sich kennen zu lernen und die Anziehung zu genießen, ohne damit Bedürfnisse erfüllen zu müssen, die aus einer Lebensweise des Mangels herrühren. Sie werden nicht auf die Idee kommen, einander besitzen zu wollen, denn sie haben kein Besitzdenken verinnerlicht. Sie werden vielleicht auch nicht auf die Idee kommen, andere aus ihrer Liebe auszuschließen, weil sie Mangeldenken nicht verinnerlicht haben. Wo zwei sich in ihrer Liebe genügen, genügen sie sich und genießen sich. Wo dritte oder vierte dazugehören, Teil sind eines Liebesspiels, gehören sie natürlich dazu, vielmehr sind die Menschen in einem sinnlichen Vertrauenszustand, der keine Begrenzungen braucht. Gleichwohl haben sie keine Angst, ihre Liebe für viele Jahre einem bestimmten Menschen zu schenken, ihm nah zu sein und mit ihm Verantwortung zu tragen.

Es gibt ein Wissen über die gemeinsame Quelle von Eros und Schöpfung.

Sexualität ist bekannt als eine personale, aber auch eine universelle Begegnungsform. Eros ist eine Kraft, die nicht immer in allen Aspekten in eine Beziehung passt. Das heißt, der Eros ist nicht auf den persönlichen Bereich zweier Menschen festgelegt. Es gibt Räume, Feste und Rituale für die universelle, archetypische, nicht persönliche Begegnung zwischen Mann und Frau.

Wo das sexuelle Wesen des Menschen als selbstverständlicher Bestandteil seiner Natur respektiert wird, fühlt er sich in seinem heiligen Kern berührt.

Genauso wird die personale Liebe und Treue gepflegt. Treue meint nicht Ausschluss anderer, sondern die Treue zu einem Menschen und seiner Wahrheit.

Wo zwei Menschen sich dauerhaft lieben, wo Partnerschaften entstehen, Kinder zur Welt kommen, sind sie umgeben und eingebettet von einem Netzwerk, einer Gemeinschaft, einem Stamm, einer intentionalen Großfamilie: das heißt, die Begleitung und Versorgung der Kinder und die wirtschaftliche Versorgung derer, die für die Kinder oder das Gemeinwesen da sind, werden gemeinschaftlich getragen. Die Liebenden können auch als Eltern ihre Lebensform so gestalten, wie er es ihrer erotischen Wahrheit entspricht.

Eine Utopie? Es sind idealistische, malerische Bilder, die ich aufgezeichnet habe. Sie scheinen sehr weit weg von der Realität. – Aber in mir gibt es diese Erinnerung. Und es gibt die Erfahrung. Und je mehr ich sie fühlen kann, ist sie mir Wegweiser auf meinem Weg, gleich wo ich gerade stehe. Sie gibt mir Großzügigkeit gegenüber den Momenten von Abhängigkeit, Enge oder Streitigkeiten, weil ich sehe, wie groß der Kontext ist, der auf meine Liebessituation wirkt.

Ich habe Utopien dieser Art in verschiedensten Werken gefunden, sie wurden und werden von vielen Menschen geträumt, ich glaube sogar, dass sie in der Seele des Menschen schlummern, weil es eine Erinnerung daran gibt. Erinnerung an das Paradies auf Erden?

Es gibt Forschungen, die entsprechende Lebensformen in verschiedensten Naturvölkern vorgefunden haben, z. B. in heute noch lebenden matriarchalen Völkern von Eingeborenen.

Wie nah oder fern uns diese Utopie ist:

Was sie uns deutlich macht, ist, dass ein gesundes Geschlechterverhältnis ganz eng mit der Lebensweise der Menschen zu tun hat, mit der Art ihrer Vergesellschaftung und mit einer Balance der Werte. Sicherlich ist es keine Kultur, in der ein Geschlecht das andere dominiert. Hierarchie im Sinn von ausbeuterischer Macht über andere ist nicht denkbar. Ein gesundes Verhältnis zum eigenen Körper und zur eigenen Sexualität und zu der des anderen Geschlechts ist dort vorhanden, wo überhaupt Respekt vor dem Leben und der Verschiedenartigkeit des Lebens gepflegt wird.

Und: Naturverbundenheit muss nicht gleichbedeutend sein mit technischem Rückschritt, aber die Art der Technik und ihre Anwendung würde sich stark verändern.

Die „Insel der Linkshänder": Was dient der Liebe?

In dem utopischen Roman „Die Insel der Linkshänder" von Alexandre Jardin, sind einige Inspirationen zu finden:

Die Insel der Linkshänder ist eine Insel, auf der eine Gemeinschaft gegründet wurde, die das Erlernen der Liebe an erste Stelle ihrer Ziele gestellt hat.

Daran richten sich die Entscheidungen aus – ob es zum Beispiel Autos oder Telefone geben soll, wird der Frage gemäß entschieden, ob es der Liebe dient; Telefone dienen nicht der Liebe in dem Roman, weil man durch deren Gebrauch verlerne, Liebesbriefe zu schreiben. An der Liebe orientiert sich die Architektur, die Art der Gestaltung von Häusern, in denen Liebende leben: was braucht es an eigenem Raum, an Räumen für Begegnung usw. Der Jahreszyklus ist auf die Verschiedenheit der sexuellen und erotischen Aspekte ausgerichtet, damit alles Platz hat. Es gibt einen Monat „Fastenzeit" (Askese), die ähnlich den Ursprüngen der Fastnacht in ausschweifenden Festen münden und die das erotische Feuer wach halten; es gibt festgelegte Wochen, in denen Frauen und Männer ihre

Rollen tauschen, um sich ganz und gar hineinzuversetzen in den anderen; es gibt eine Insel der Wahrheit für die Phasen der Liebe, wo man sich ganz der Wahrheit untereinander stellen muss – hält die Liebe der Wahrheit stand, oder basiert sie auf Wunschvorstellungen und Projektionen?

Dann gibt es das Ritual der „weißen Kleidung", die man anziehen kann als Zeichen, dass man vorübergehend aller Verbindlichkeiten und Verträge enthoben ist und die individuelle Freiheit genießen kann. Wenn einer weiße Kleidung trägt, heißt das, dass er oder sie für diese Zeit zu nichts verpflichtet ist und offen ist für erotische Begegnungen der unbekannten Art. Was auch immer da geschieht, es wird zuhause keine Vorwürfe geben...

Ich fand diese Bilder sehr anregend, weil sie den unterschiedlichen Aspekten der erotischen Wahrheit einen Platz im gesellschaftlichen Gefüge geben. Wie Wahrheit in der Liebe gelebt werden kann, ist Maßstab für Politik. Das ist eine Haltung, die der politischen Bedeutung der Liebe gerecht wird.

Auseinandersetzung mit der Realität als Voraussetzung für jede Utopie

Ein Impuls, der uns im ZEGG zusammengeführt hat, ist der, unseren „Traum" vom Leben ins Leben zu bringen. Bedingungen zu schaffen, in denen die Sehnsucht maßgeblich mitbestimmen darf bei der Lebensgestaltung. Wir – oder zumindest ein größerer Teil der ZEGG-Gemeinschaft, hat sich die Aufgabe gestellt, soziale und geistige Voraussetzungen zu erforschen, in der die Wahrheit in der Liebe gelebt werden kann.

Wenn wir eine Utopie umsetzen wollen, ist es nötig, uns mit unserer Realität auseinander zu setzen, so wie sie ist. Wir müssen wissen, von wo aus wir starten und wie wir die Realität verändern können, um der Utopie näher zu kommen.

Der Weg dahin ist eine lange Zeit der inneren und äußeren Transformation. Eine Forschungsarbeit an uns selbst, am Menschen, an der Liebe, die Schicht um Schicht näher an den Kern der eigenen Wahrheit kommt. Welches Liebesbild ist wirklich meines? Was erfüllt mich wirklich? Wie lege ich meine eigene Quelle des Verschenkens frei? Wo liegen meine Ängste, meine Scham? Was verkörpere ich, was sehen und suchen andere bei mir? Was ist meine Aufgabe als Frau oder Mann? Wie übernehme ich Verantwortung in der Liebe? Wie übernehme ich Verantwortung für meine Gefühle?

Wenn wir uns mit unserem Liebesbild auseinandersetzen, stellen wir fest, dass die Form der Ehe und romantischen Liebe, wie wir sie kennen, erst seit wenigen Jahrhunderten ausgeprägt ist: Das Liebesideal, wo sich der zentrale Lebensmittelpunkt auf einen Mann und eine Frau konzentriert, die dann von der Kinderversorgung bis zur ökonomischen Absicherung bis zur sexuellen Erfüllung für alles zuständig ist. Diese Konzentration hat Besitzanspruch und Abhängigkeit zur Folge, und meist ist die erotische Liebe eingesperrt zwischen zwei Menschen.

Aus meiner Sicht als Frau bedeutet das eine Auseinandersetzung mit Glaubenssätzen wie „ich brauche einen Mann, sonst bin ich nichts wert" (wenn ich ihn unter meiner ersten Schicht der Emanzipiertheit entdecke). Viele Glaubenssätze in der Liebe sind uns nicht bewusst, dennoch fühlen und handeln wir danach, weil das geschichtlich gewachsene Liebesbild es uns in die Zellen geschrieben hat. Oder wir vermeiden die wirkliche Berührung mit der Liebe, das aber an der Sehnsucht vorbei.

Weiterer ‚Transformationsstoff' ist bei den Frauen die Angst vor Verachtung im sexuellen Bereich oder die Angst vor dem Neid der Konkurrentinnen. Es ist unsere Herausforderung, aus den Normvorstellungen der Schönheitsindustrie auszutreten, aus der Ohnmacht und aus dem Kampf dem Mann gegenüber.

Bei den Männern ist der Transformationsstoff die häufige Spaltung von Liebe und Begierde, Herz und Sex; seine Angst vor Ablehnung seines Begehrens, das Erleben von Sexualität und Macht, der Bilderwelt von Eroberung und Unterwerfung; der sexuelle Vergleich und Leistungsdruck, Entwurzelung und Einsamkeit, und der Kampf der Frau gegenüber.

Zur Einordnung des Eros ins menschliche Dasein

Valerie de Saint Point im „Manifest der Wollust" (1918):

„Die Wollust ist der Ausdruck eines Wesens, das aus seinen Grenzen herausgetreten ist; sie ist die schmerzliche Lust eines vollkommenen Leibes, der leidvolle Schmerz des Werdens. Sie ist die fleischliche Einswerdung, die Suche des Fleisches nach dem Unbekannten."

Ich finde es wichtig, dass wir uns mit etwas, das uns so stark beschäftigt, wie die Liebe und der Eros, umfassend auseinandersetzen. Zu wissen, was das für eine Kraft ist, wie sie wirkt, auch unabhängig von unserer persönlichen Erfahrung. Wie bewegt sich der Eros, wo wird er wach und lebendig, wo zieht es ihn hin, wo ist er nicht zu finden? – Kann man ihn einfangen, einladen, ist er eine anarchische Kraft oder eine universelle Liebesenergie?

Woher kommt die Wesensverwandtschaft im Erleben tiefer Sexualität mit spiritueller Erfahrung? Kommen Eros und Spiritualität nicht aus einer Quelle, oder führen sie zu demselben Ziel? Beide kennen die tiefe personale Liebe und die transpersonale, universelle Liebe.

Es gibt einen Wesenszusammenhang von Religion und Erotik, und der liegt in der Suche nach Ganzheit. Beiden wohnt der Drang nach Ergänzung inne, nach Verbundenheit, Heilwerdung. Je mehr es gelingt, uns zu erinnern, unseren göttlichen Kern mit unserem materiellen Dasein zu verbinden, umso mehr empfinden wir Sinn.

Wir befinden uns hier an einer Stelle, wo wir vielleicht die scheinbare Unerfüllbarkeit unserer Liebessehnsucht verstehen können. Ich meine die Sehnsucht, das Verlangen, das nie still wird, nie satt ist, selbst nach dem schönsten Liebeserlebnis keimt es schon wieder auf.

Denn ihr liegt eine Sehnsucht nach Verbundenheit zugrunde, die so viel größer ist, als ein Mensch es uns zu geben vermag. Sie wird erst still, wenn sie verbunden wird, hinein gewoben in die Wiederverbindung mit dem Großen Ganzen, nennen wir es das Göttliche, Kosmos, Spirit, Mutter Erde oder was uns nahe liegt. Wir müssen dafür keiner Religion angehören. Aber wir können immer mehr wahrnehmen, dass das Leben mehr ist, als das, was wir sehen und begreifen können.

Walter Schubart schreibt in dem Buch „Eros und Religion" (1941):

„Eros und Religion sind in ihrer Suche zwei verschiedene Formen, in denen der Mensch dasselbe sucht: die verlorene göttliche Heimat.

Da die erotische und religiöse Liebe wesentlich dasselbe sind, Suche nach der absoluten Einheit, können beide Gefühle aneinander wachsen...

Nie hätte der Mensch vergessen sollen, dass immer, wo Liebe sich entfaltet – zum Weibe, zum

Nächsten, zu Gott – dieselbe Kraft am Werke ist, dass die drei Liebesarten miteinander zusammenhängen und sich gegenseitig befruchten.

Religion und Erotik haben dasselbe Ziel. Sie wollen den Menschen verwandeln."

Mein/Unser gegenwärtiger Stand auf dem Weg zur Utopie

Die Gemeinschaft ist meine „Erinnerung" an das große Zuhause der Liebe.

Sie erweitert meinen Raum. Gemeinschaft erzeugt eine Weitung des persönlichen Raumes. Und sie erweitert ganz konkret meine Freundschafts- und Liebesmöglichkeiten und ermöglicht Intimität und Vertrauen über meine engeren Partner oder Freundinnen hinaus. Sie ist der Ort, wo ich „öffentlich" sprechen kann, wo ich Liebe als Forschung teilen kann, und sie ist der Ort, wo ich beheimatet bin, jenseits meines Geliebten oder mit ihm zusammen.

Es gibt Momente, wo ich darin ein Vertrauen erlebe, wo ich nichts mehr von meinem Innersten verberge, alles sagen kann – und wenn ich das mit Menschen zusammen teilen kann, fühlt sich das an, wie wenn Gott persönlich da ist.

Etwas konkreter:

Wir leben ja in einer sehr großen Gemeinschaft, und da bin ich sozusagen in mehreren Schichten eingebettet.

Es gibt die ZEGG-Gemeinschaft, die diesen Platz zusammen nutzen, beleben, führen, pflegen und zur Verfügung stellt. In dieser großen Gemeinschaft kann man dieses intime Vertrauen nicht herstellen.

Dann gibt es eine Gruppe, die sich für die Forschung an Gemeinschaft, Vertrauen, Liebe, Sexualität zusammengefunden hat, das ist gegenwärtig eine Studiengruppe von ca. 20 Menschen, die sich einmal im Monat eine Woche lang täglich jeden Nachmittag trifft.

Teil dieser Gruppe ist ein intimerer Freundeskreis von etwa 12 Frauen und Männern, mit denen ich mich in unterschiedlicher Zusammensetzung zu Frühstück oder Mittagessen treffe und für 4 Wochenenden im Jahr, zum menschlichen Austausch, zum Forschen an Verständigung in der Liebe, zum Austausch geistiger Impulse.

Darunter sind Frauen – mein Zuhause, sie wissen über mich bescheid, über mich in der Liebe, Beruf, meiner spirituellen Suche. Sie sind mir ein wesentlicher Anker für mein Leben.

Darunter sind einige der Männer, die in meinem Liebesnetzwerk an wichtigen Stellen stehen da gibt es erotische Freundschaften, die sich über das gemeinsame Arbeiten entwickelt haben, Herzenslieben, und meinen Partner und Vater meines Sohnes. Die Partnerschaft war und ist nicht immer das Zentrum meines Liebeslebens, es gab auch immer wieder Zeiten, wo andere Männer an diese

Stelle gerückt sind. Es gibt so etwas wie eine Balance im Gesamtsystem, das solche Veränderungen ausbalanciert.

Allen diesen Menschen gemeinsam ist eine innere Verpflichtung für diesen Platz hier, dranzubleiben an unseren zentralen Forschungsfragen von Liebe, Spiritualität und Gewaltfreiheit, und den Blick aufs Ganze einzunehmen. Wir wissen weitgehend voneinander Bescheid, wer zu wem wie steht.

Die Qualität des Vertrauens hängt natürlich auch stark davon ab, wie viel Zeit wir zusammen verbringen, und das ist im Ablauf eines Jahres sehr unterschiedlich.

Meine erotische und freundschaftliche Anziehung wird über geistige Nähe und gemeinsames Arbeiten an einer Sache, über menschliches Vertrauen genährt. Je intimer ich mich geistig verbunden fühle, umso feiner sind auch die erotischen Schwingungen unter uns.

Die Zweifel auf dem Weg

Wenn ich mich an meine Suche als Jugendliche erinnere, bin ich der Utopie, die ich damals hatte, ganz schön nahe.

Auf dem Weg zur Utopie ist man auch immer wieder von Zweifeln geplagt. Das gehört dazu.

So ging es mir bei der Vorbereitung auf dieses Thema, was mich Anfang des Jahres sehr gereizt hat, aber im Heranrücken spürte ich Widerstand...

Ich hatte das Gefühl, dass niemand etwas über Utopie hören will. Nicht in Berührung kommen mit unerfüllbaren Möglichkeiten. „Sag wie es geht, aber nicht wie es sein soll oder möglich wäre..." hießen die Sprechblasen im Publikum meiner Phantasie.

Bis ich an eine Stelle vordrang, an der ich immer wieder Zweifel hatte, Fragen, die mir seit Jahren immer wieder ins Herz schneiden und noch nie ganz beantwortet wurden. Und die Zweifel versperrten mir offenbar selbst den Zugang zu meiner Utopie:

Warum ist der Moment der Nähe, der Süße und Innigkeit, eigentlich immer wieder so nah an der Angst?

Ich habe eine innige Begegnung mit meinem Geliebten erlebt, stehe auf, und habe Angst, will mich versichern, mit Worten etwas festklopfen, nur damit es nicht verschwinden möge.

Wie geht das volle Einlassen auf einen Menschen, wo ich meine inneren Sicherheitsmanöver einstelle und mich in meinem ganzen Wesen hinein gebe, zusammen mit Selbständigkeit und Unabhängigkeit?

Kann ich dieser Angst nur entkommen, indem ich sie immer ein Stück von mir halte?

Wie kann ich mich einem Mann ganz hingeben, ohne mich aufzugeben, ohne in Abhängigkeit zu geraten?

An einem Tanzabend fordert mich ein Mann zum Tanzen auf, ein richtig guter Tänzer. Er tanzt auf eine Art mit mir, dass ich das Gefühl habe, ich könnte gut tanzen. Mein Körper bewegt sich wie von selbst in einem harmonischen Gleichklang mit dem seinen. Ich kann mich ganz hingeben. Ich kann mich hingeben, mich führen lassen, meine eigene Führung aufgeben, weil ich weiß, dass er weiß, was er tut.

Diese Momente gibt es nicht nur beim Tanz, sondern oft in der sinnlichen Liebe. - Die Unbedingtheit einer Begegnung. Ein Gefühl, erkannt zu werden und den anderen zu erkennen. Eine innige, langsame, zärtliche Entdeckungsreise. Soviel Vertrauen, dass die Momente, wo nichts geschieht so wesentlich sind wie die anderen. Das Beben der Lust beginnt im Herzen und breitet sich von dort aus… Ein Gefühl von Angeschlossensein an eine große warme Energie…

Und irgendwann und irgendwoher kommt dann der Gedanke: das geht nur mit ihm. Der Wunsch, festzuhalten… Schutzbedürfnis… sich ganz auf diesen Menschen einstellen… der Wunsch, er würde nichts als mich wollen…

Du könntest dahin schmelzen, ihm dein Leben zu Füssen legen. –

Das sind Bruchteile von Sekunden, wo sich diese Gefühle in unser Halbbewusstes hineinwagen, und danach gehen wir oft zur Tagesordnung über und fragen, ob er morgen mal anruft. Ob dieser Anruf dann kommt oder nicht, wird zum Weltereignis. Bei mir ist das dann der Moment, wo mich keine Utopien und keine Welt und kein Gott interessieren, sondern eigentlich nur noch er. Ich schaue, was er tut, ich warte, dass der Moment wieder kommt, wo diese Wärme in seinen Augen ist, ein Satz von ihm kann mich völlig aus dem Häuschen bringen etc.

Eigentlich ist der Moment der Öffnung und Hingabe ein großartiger Moment, ein tiefer Akt des Vertrauens, und er ist im tiefsten Sinn ein religiöser Akt. Wahrscheinlich ist der Ursprung dieser Hingabe eine Hingabe an Gott, oder an das göttliche Prinzip.

Für zwei Liebende aber scheint diese Kraft zu groß, und das bewirkt die Angst.

Einmal bin ich aus einer solchen Situation in meine Forschungsgruppe gegangen. Ich musste sprechen. Mein Blutdruck war enorm hoch, und ich wollte sprechen, um zur Ruhe zu kommen. Allein Menschen zu haben, die zuhören, ist ein Geschenk. Es ist so heilsam, das, was innen ist, ausdrücken zu können, und damit das Gefühl von Nähe auszuweiten.

Wir kamen in ein völlig inspiriertes Gespräch, weil alle ihre Gedanken zu dieser Situation beigesteuert haben, alle kannten diese Momente in der Liebe. Alle suchen diese innige Berührung, und alle haben wir Schiss davor. Ein Gedanke war, dass für die Frau dieser Moment der Hingabe an ein Gefühl der Ohnmacht gekoppelt ist. Dieses Ohnmachtsgefühl ist eine zelluläre Information, die sich geschichtlich gebildet hat in den langen Jahrhunderten der patriarchalen Epoche, in der wir unsere weiblichen Quellen verloren haben. Aus dieser geschichtlichen Situation heraus wird Hingabe zur Selbstaufgabe. Und scheinbar wird diese geschichtliche Information gerade in den Momenten der Öffnung abgerufen.

Die Männer haben gesagt: Wenn ihr an der Stelle ein volles Selbstbewusstsein hättet, das wäre für uns so ein Geschenk. Weil in dem Moment die Frau, bei der wir landen wollen, sich wie auflöst und nicht mehr erreichbar ist. Plötzlich hängt alles daran, was wir tun, und das bringt uns völlig in die Enge. Vor allem haben wir gar keine Chance, es richtig zu machen, wie sehr wir uns auch bemühen.

Dann kamen wir auf den hohen Blutdruck zu sprechen, der bedeutet: Das Gefäß ist zu klein. Die Blutgefäße sind verengt: Das heißt, das Gedankenfeld, in dem die Öffnung stattfindet, ist zu klein: IchundDu, IchundDu... – Leben wir nicht in einer kollektiven Gefäßverengung?

Für die Erweiterung dieses Liebesaktes kommen wir wieder zu der Verbindung von Eros und Religion:

Diese Art von Hingabe hat etwas mit Transformation zu tun. Ich gebe ein Stück von mir auf, das mich vom anderen trennt. Wo hinein gebe ich mich hin? Dieser Moment ist das Training eines jeden spirituellen Weges.

Ich entdecke, dass die Hingabe eine religiöse Sehnsucht ist, die kein Mann/keine Frau erfüllen kann.

Es ist eine religiöse Sehnsucht und eine erotische Sehnsucht.

Mann und Frau haben einander erkannt. – ANGEKOMMEN. Ein ganz personaler und ein ganz universeller Vorgang. Schöpfungsakt, Zeugung. Aus zwei werden eins. Oft entsteht etwas Drittes.

Auf der Ebene der Geschlechterliebe, der sinnlichen, seelischen und sexuellen Hingabe aneinander, ist das der Moment, wo ich das *Sakrament* der Ehe tief verstehen kann. Da gibt es etwas Süßes, was Dauer will...

Und wir brauchen dafür eine Utopie, die besser geeignet ist als das Eheverständnis der patriarchalen Epoche. Eine Gemeinschaft, eine Gesellschaft, die den Eros bewusst integriert und bejaht. Hochzeit in einem neuen Sinn ist ein Fest, wo sinnliche Erlebnisse dieser Art von der Gemeinschaft gefeiert werden – und dadurch ins Große entlassen werden. Zeugenschaft erweitert den Raum.

Wir haben in unserem Forschungskreis darüber gesprochen. Bei mir hat sich sofort eine Beruhigung eingestellt. Die Energie ging ins Große, in die Öffentlichkeit der vertrauten Gruppe. Meine Energie bündelte sich nicht mehr auf diesen einen Mann, das Vertrauen weitet sich in die ganze Gruppe. Der oder die Geliebte ist erlöst von der Fokussierung auf ihn, und kann sich mir frei und offen wieder schenken. Wenn wir beide diesen Moment heilen wollen, ist es auch gut, wenn wir beide da bleiben.

Die Frauen, die möglicherweise ähnliches mit ihm erleben, sind beteiligt, einbezogen. Auch das nimmt Angst. – Es gibt immer eine andere Frau/einen anderen Mann. Je mehr diese anderen Frauen in mein System gehören und von mir wissen, nehmen wir uns wahr als Teile des Ganzen.

Im weiteren Verlauf kam mir folgendes Bild:
Ich habe unseren Weg in der Liebe als eine Spirale gesehen.
Im Zentrum der Spirale ist eine Achse, die „Himmel und Erde" verbindet:
- unten: das Irdische, Materie, Sexualität
- oben: das Göttliche, Geist, Spiritualität

Ich als Mensch und Frau/Mann komme aus einer Geschichte der Trennung von Liebe und Sexualität, der Trennung von Sex und Spirit. Das ist der Anfang des Weges auf der Spirale. Das Zentrum ist die Verbindung von Geist und Materie, Himmel und Erde, Mann und Frau (wobei Mann und Frau hier für die beiden unterschiedlichen Pole stehen und sich nicht zwangsläufig auf das jeweilige Geschlecht beziehen). In dem Moment, wo ich auf dem Weg meiner Spirale mit Hingabe in Berührung komme, werde ich von diesem Zentrum angezogen, man spürt die eigentliche große Kraft der „Vermählung", es durchzuckt uns wie ein Blitz, es wird heiß. Wir sind verwirrt, wollen am liebsten direkt ins Zentrum laufen, aber wissen nicht wie…

Wir können uns bewusst machen, welche Momente es sind, die uns verbinden, die uns durchzucken. Es ist richtig, den Weg der Spirale zu gehen, und nicht direkt aufs Zentrum zu – weil ich mich sonst verbrenne. Weil ich mir auf dem Weg immer mehr Wissen und Reife aneigne, mit dem ich dem Zentrum begegnen kann.

Und je mehr Menschen die Momente der Hingabe aus der großen Verbundenheit heraus erfahren, je mehr wird das Zentrum genährt und verbunden.

Man kann dem Zentrum begegnen, je mehr man im eigenen Zentrum ist.

Und wenn die Verbindung im Zentrum geheilt ist, können wir die Berührung wagen ohne Angst.

Je mehr oben und unten verbunden ist, umso weniger werden wir verrückt, wenn wir das Zentrum berühren.

Ich schließe mit dem Satz von Walter Schubart:

„Der Eros endet in Gott, wenn er den Kreis seiner Bewegung nicht vorzeitig abbricht."

Anmeldungen zu thematischen Seminaren mit der Autorin via Internet unter www.zegg.de oder via Direktmail unter dolores.richter@gmx.net

Zitate zum Thema Liebe und Sexualität

Claire Niggli, Basel 1980

Eros ist ein anarchistischer Gott.

Das Erotische ist wie die Paradiesvögel, nicht steuerbar, – und wenn man es packen will, weicht es.

Erotische Liebe hat mit einer Art Fremdheit zu tun. Man bleibt sich immer ein wenig fremd. Das ist das Geheimnis von Nähe und Ferne. Es ist wie mit den Säulen, wenn sie zu nahe beieinander stehen, tragen sie schlecht.

Die Liebe ist ein gewaltiges soziales Kunstwerk.

Marianne Williamson, Rückkehr zur Liebe (1996)

Gedanken sind wie in einen Computer einprogrammierte Daten, die auf dem Bildschirm Ihres Lebens sichtbar werden. Falls Ihnen das nicht gefällt, was Sie da sehen, dann hat es keinen Zweck, über den Bildschirm zu wischen. Der Gedanke ist die Ursache; die Erfahrung ist die Wirkung. Wenn Ihnen die Auswirkungen in Ihrem Leben missfallen, müssen Sie die Natur Ihres Denkens ändern.

Merke dir, nicht romantisch über die Liebe zu denken, sonst wirst du sehr frustriert werden. Das ist auch ein Elend.

Die Gesellschaft kennt keine Liebe, doch die Menschen haben völlig falsche Vorstellungen von ihr. Zuerst bekommen sie überhaupt keine Liebe, und wenn sie geliebt werden, sind sie nicht zufrieden.

Sie haben großartige perfektionistische Ideale, die absolut unmenschlich sind. Du kannst weder den perfekten Mann finden, noch bist du selber perfekt.

Es gibt Grenzen und Schwächen.

Die erste Schwierigkeit ist, dass die Menschen mit romantischen Vorstellungen von der Liebe aufgewachsen sind, von Märchenliebe, die abstrakt, abgehoben und verträumt ist – weder real, noch authentisch, noch zeitgemäß. Mit diesen Vorstellungen wirst du früher oder später auch frustriert sein, wenn du einen Liebhaber hast.

Also vergiss all diese romantischen Vorstellungen – sie behindern die Liebe. Romantische Ideen sind gefährlich. Sie sind ein Teil der neurotischen Gesellschaft. Eine lieblose Gesellschaft malt Bilder von der romantischen Liebe. Es ist ein Teil des Spiels: Erst mache die Leute lieblos, und dann gib ihnen Ideale, die sie nicht erfüllen können. So werden sie immer in der Luft hängen. Ohne Liebe leiden sie und mit Liebe auch – nur das Leiden ist sicher.

Ein Mensch mit Bewusstsein wird sein Alleinsein genießen, wenn er keine Liebe bekommt; und wenn Liebe da ist, wird er sich an seinen Beziehungen freuen. Er genießt alles.

Safi Nidiaye, Schönheit der Liebe (2001)

Wage es, in jedem Augenblick deine Sehnsucht zu fühlen und die Erwartungen über Bord zu werden, und du öffnest dich dem Ewig-Neuen.

Halte dein Herz offen, indem du fühlst, was du fühlst, anstatt in Gedanken über eine gewünschte oder unerwünschte Zukunft zu schwelgen.

Jeder Augenblick des Zusammenseins hält ein Stück Erfüllung für dich bereit, wenn du wach bist, die Chance zu ergreifen. Du verstellst dir die Chance, wenn du, anstatt den gegenwärtigen Augenblick zu genießen, dich in Gedanken an das klammerst, was dir im gegenwärtigen Augenblick fehlt oder entgeht oder was dich stört, weil es nicht so ist, wie du es haben möchtest.

Radikale Gegenwärtigkeit verwandelt eine Beziehung aus einer fortlaufenden und kausal verknüpften Kette von Ereignissen in eine immer neu aus der Wahrheit des Augenblicks entstehende Angelegenheit von großer Frische und Schönheit.

Dieter Duhm, Heilige Matrix (2001)

Seit die Menschen die universelle Heimat verloren haben, beziehen sie sich aufeinander. Die personale Liebe ist das Gegenteil von dem, was heute unter Liebe verstanden wird. Das, was heute Liebe genannt wird, ist persönliche Fixierung aufeinander und trägt immer die Verlustangst in sich.

Die erotische Liebe kann nur Dauer gewinnen, wenn man den Anker im Universum wiedergefunden hat. In der kosmischen Verbundenheit werden sie die personale Liebe verwirklichen, die sie bisher vertrieben haben durch ihre viel zu enge Fixierung aufeinander.

Madleine Vernet, Die freie Liebe (Wien, 1920)

Ist es denn überhaupt noch notwendig, nach Beweisen zu suchen, dass die Liebe nur existieren kann, wenn sie frei ist? Niemand von uns kann die Beständigkeit der Liebe bejahen. Sie ist, mehr als alle anderen Empfindungen des menschlichen Wesens, unbeständig und untreu, weil sie nicht nur eine bloße Herzensneigung, sondern auch ein sinnlicher Wunsch und ein physisches Bedürfnis ist.

Dass man die Liebe nur nicht mit der Ehe verwechsle! Die Ehe ist ein sozialer Vertrag, die Liebe ist ein Naturgesetz. Die Ehe ist ein Kontrakt, die Liebe ist ein Kuss. Die Ehe ist ein Gefängnis, die Liebe ein Aufblühen, eine Herzensergießung. Die

Ehe ist die Prostitution der Liebe. Damit die Liebe ihre Schönheit und Würde bewahre, muss sie frei sein.

Fritz Zorn, Mars (Schweiz, 1987)

Da habe ich eingesehen, dass mein ganzes Leben nichts anderes war als die Qual der verpassten Sexualität. Die Sexualität aber gehörte nicht in meine Welt, denn die Sexualität verkörpert das Leben; ich aber war in einem Haus aufgewachsen, wo das Leben nicht gern gesehen war, denn bei uns war man lieber korrekt als lebendig. Das ganze Leben ist aber Sexualität, geht es doch im Lieben, Begehren, und in der Auseinandersetzung mit dem anderen auf.

Von meiner sexuellen Qual zu sprechen wagte ich erst recht nicht, ich nahm lieber die Haltung der meisten Frustrierten an, die sich dagegen verwahren, dass alles im Leben bloß Sex sein soll, dass es daneben aber auch noch andere schöne Dinge gäbe – und ähnlichen Unsinn mehr. Es stimmt zwar schon, dass es noch andere schöne Dinge gibt, aber ebenso unzweifelhaft ist, dass, wo die Sexualität nicht in Ordnung ist, auch alles andere nicht in Ordnung sein kann, inklusive der oben erwähnten schönen Dinge. Dies zuzugeben hätte aber nichts anderes geheißen als zuzugeben, dass bei mir eben gar nichts in Ordnung war.

Ulrich Schaffer, Das Ulrich Schaffer Lesebuch
(Stuttgart 1989)

Ich glaube, dass es letztlich nur eine Liebe gibt. Die Liebe zum Partner, zu einem Freund, zu Gott, zum eigenen Kind, zur Natur, zu einem Gedanken, sie ist zutiefst eine Liebe, für die es aber eine schier unendliche Anzahl von Ausdrucksmöglichkeiten gibt. Es ist eine Quelle, aus der das Wasser fließt. Schon nach einigen Metern beginnt der Bach sich zu verzweigen, wird weiter und weiter und befruchtet das ganze Land. So ist die Liebe. Jede Beziehung, in der wir stehen, ist eine andere. Keine ist mit einer anderen letztlich zu vergleichen. Und jede muss ihren ganz eigenen Ausdruck finden. Die Liebe zu einem Menschen muss nicht die Liebe zu einem anderen schmälern.

Lisa Fitz, Die Heilige Hur' (München, 1994)

Jeder zweite Mann statistisch nachgewiesen
ist bezüglich seiner Treue in den Miesen.
Ach, was ist es bloß, das immer dazu führt,
dass man die Lust auf andre Leiber spürt?

In der Ehe, dachte man, wär das geregelt.
Ist es nicht – und drum wird fremd gesegelt.
Und die armen, armen, armen Frauen
wolln genauso, bloß dass sie sich nicht so trauen!

Überall ist es die gleiche Misere,
dem Charakter kommt die Geilheit in die Quere.
Wer behauptet, dass er trotzdem nicht betrügt,
auch nicht im Geist,
von dem behaupt ich schlicht und einfach
dass er lügt – und zwar sehr dreist.

Gerda Weiler, Publik-Forum Extra (Oberursel, 1994)

Die begehrende Frau ist für den patriarchalen Mann nicht tragbar. Sie bedeutet für ihn Überwältigung, das Chaos, das Unberechenbare, das Gefährliche und Fatale ...

Die Zwangsvorstellungen vom dämonischen und sündhaften Charakter der Sexualität zwingt zur Verachtung der Frau – bewusst oder unbewusst.

Die konsequente Befreiung des weiblichen Begehrens bedeutet somit auch die Überwindung des Patriarchats.

Timo Wendling, Die Liebe ist das Kind der Freiheit (Tübingen, 1995)

Die Idee der freien Liebe hat sich geschichtlich nicht geradlinig entwickelt. Doch da die Idee der freien Liebe immer auch schon als Komponente eines größeren, umfassenderen, generellen, universellen Entwicklungsgeschehens verstanden wurde, konnte sie die Rückschläge überwinden und auf weitere Verwirklichung drängen.

Die Befreiung der Sexualität braucht ihre Form und Struktur, und diese nee Form und Struktur bildet sich gerade erst vor dem Hintergrund einer fast zweitausendjährigen Unterdrückung der sinnlichen Liebe.

Voraussetzung für die Entstehung der freien Liebe ist die Kulturarbeit in diesem Bereich. Kultivieren heißt pflegen, behüten, entfalten, verfeinern, verschönern, gestalten, angefangen von der Art, über Sex zu denken, zu sprechen, über die sozialen Organisationsformen der Sexualität bis in den Intimbereich.

Eine solche Erotische Kultur ist der konsequente Fortschritt eines gewandelten Verständnisses der menschlichen Sexualität.

Freie Liebe in Form von freier Sexualität hat also nur Sinn, wenn sie im Hinblick auf dieses Thema der Kulturschaffung gesehen werden kann.

Bei der Idee der freien Liebe geht es immer auch um die Befreiung des Menschen im Ganzen: nämlich um die politische, soziale, ökonomische, philosophische und spirituelle Befreiung. Die Idee der freien Liebe kann somit als Bestandteil eines umfassenden Befreiungsprojekts des Menschen verstanden werden.

Für die Verwirklichung der freien Liebe entstehen neue Beziehungsmuster, in denen ein hohes Potential an Solidarität und kommunitärer Verknüpfung steckt.

Hier kann das Befreiungsprojekt der freien Liebe in seinem ganzheitlichen Sinne konsequent verwirklicht werden und für die Weiterentwicklung der Kultur von großer Bedeutung sein.

Die Idee der freien Liebe ist im Prinzip realistischer, zeitgemäßer und humaner als das Leitbild und die Lebensform der monogamen Ehe, da sie von einer komplexeren Vorstellung über die menschlichen Motive ausgeht und zu einem friedlicheren und erfüllteren Leben führen kann. Dies umso mehr, wenn sie als ein wesentlicher Bestandteil einer umfassenden politischen, sozialen, ökonomischen, philosophischen und spirituellen Befreiung verstanden und verwirklicht werden kann. Was für die einen (noch) Sünde ist, ist für die anderen der große Geist der Liebe, die tausend und mehr Formen kennt!

Madleine Vernet, Die freie Liebe (Wien, 1920)

Nichts ist unbeständiger als das ungestüme Verlangen, und dennoch entgeht ihm keiner von uns. Wenn Frauen aufrichtig mit sich selber sein wollen, werden sie eingestehen, dass es ihnen manchmal vorgekommen ist, sich einem völlig unbekannten Manne hinzugeben, welchen sie nur wenige Stunden gesehen hatten, selbst nur wenige Augenblicke, ohne seinen Charakter noch seinen Namen zu kennen. Ein einziger Händedruck, ein einziger Blickwechsel, selbst ein einziges Wort genügt oft, das Verlangen hervorzurufen; und ob sie will oder nicht, die Frau, in welcher dieses Verlangen wach wurde, wird diesem völlig unbekannten, ihr nicht gehörenden Manne angehören und wird ihn am anderen Tage schon vergessen.

Ich beharre auf der Behauptung, dass Liebe und Verlangen verschiedene Dinge sind, trotzdem man geneigt ist, beide zu verwechseln.

Wenn im Frühling der Saft der Zweige steigt, wenn das volle Leben überall hervorsprudelt, Erde, Sonne, Gehölz, Pflanzen, neu verjüngt erscheinen, so regt sich auch das Verlangen in uns und schwellt die Brust. Und an den schwülen Sommerabenden, heiß und duftig, wer wollte es da noch leugnen, dass an diesen Abenden das Wollust-Bedürfnis nicht ein viel Stärkeres sei ..?

Das Verlangen hat wohl manchmal den Anschein von Liebe, aber nachdem es einmal gestillt ist, bleiben die beiden Menschen einander doch völlig fremd, und sie gehen auseinander ganz ohne Bedauern.

Dieter Duhm, Der unerlöste Eros (1991)

Die patriarchale Epoche hat den Eros bekämpft, indem sie das Weib bekämpfte. Wo aber die Entzückungsmacht des Weibes brachliegt, da verödet auch der Mann, auch in religiösen Dingen ... Der Mann lebt in einer getrennten Welt, getrennt vom Weib und getrennt von der Schöpfung. Das Heilige aber, nach dem sich alle Sinne strecken, ist das Heile und Ungeteilte. Die sinnliche Liebe ist wie die religiöse eine Urerfahrung der Wiedervereinigung und der wirklichen Erlösung, welche in der Überwindung der Trennung liegt.

Dieter Duhm, Die Heilige Matrix (2001)

Um zu einer echten sexuellen Freiheit zu kommen, brauchen wir eine neue Welt, in welcher die Struktur der Trennung ganz grundsätzlich überwunden ist.

Eine Welt mit funktionierender Gemeinschaft, funktionierenden Familien und festen Beziehungen unter den Menschen.

Die Kinder müssen sich auf ihre Beziehungen zu den Eltern und Erwachsenen verlassen können, dann werden sie später nicht klammern. Wir brauchen eine tiefere gemeinsame Basis für unsere Beziehungen, eine gemeinsame Eingebundenheit in die Liebe zur Schöpfung und zur Natur, eine gemeinsame Verbundenheit mit den heiligen Kräften der Welt, eine gemeinsame Verantwortung für die Pflege des Lebens auf der Erde.

Wenn sie erfüllt ist, gibt es keine Ausschließungen mehr im Sex und in der Liebe.

Niemand kommt mehr auf den Gedanken, sich hinsichtlich seiner sexuellen Chancen mit anderen zu vergleichen, denn was die Menschen zusammenführt, sind jetzt nicht mehr die Merkmale ihrer äußeren Attraktivität, sondern die gegenseitige Entdeckung ihrer Seelen.

Es ist personale Anziehung und personale Liebe,

beruhend auf der ganz speziellen Individualität eines Menschen. Individualität, durch Wahrheit und authentisches Leben, eingebettet in die universelle Verbundenheit mit allen Wesen: Das ist die Grundlage der wirklichen sexuellen Freiheit und die Grundlage der persönlichen Liebe.

Wir stehen jetzt vor der Aufgabe, eine Gesellschaft so aufzubauen, worin diese Möglichkeit verwirklicht werden kann.

Walter Schubart, Religion und Eros
(München, 1989)

Eros und Religion sind in ihrer Suche zwei verschiedene Formen, in denen der Mensch dasselbe sucht: die verlorene göttliche Heimat.

Da die erotische und religiöse Liebe wesentlich dasselbe sind, Suche nach der absoluten Einheit, können beide Gefühle aneinander wachsen …

Nie hätte der Mensch vergessen sollen, dass immer, wo Liebe sich entfaltet – zum Weibe, zum Nächsten, zu Gott – dieselbe Kraft am Werke ist, dass die drei Liebesarten miteinander zusammenhängen und sich gegenseitig befruchten.

FREIMUT & SELBST - Bücher

Ditha Brickwell
7 Leben
Poetische Frauenbiographien aus dem Jahrhundert der Kriege
ISBN 3-937378-07-3

Ilona Weidemann
Unterm Himmel wir zwei (Liebesgedichte)
Leise, kluge Resonanzgebilde aus dem menschlichen Innenraum im Angesicht des Zwischenraums intimer Zweisamkeit.
ISBN 3-9805293-9-8

Reni Nikolajew
Lebenslieder (Gedichte)
Worte, die nicht aus dem kalten Intellekt geboren sind, sondern nach einem Komponisten suchen, der die Musik des Herzens kennt.
ISBN 3-9805293-8-X

Wolf Bergelt/Christian Muhrbeck
Orgelreisen durch die Mark Brandenburg
Das Standardwerk zur Orgellandschaft Brandenburg in Wort und Bild. Eine Zeit- und Bildungsreise in die unvergleichliche Welt einer Universalkunst.
ISBN 3-937378-03-0